「料理はちょっと苦手」「仕事が忙しくて料理をするのが面倒」そんな方にこそ、ストウブに頼って調理をしていただきたい。そして、もしもストウブに水をたくさん入れて調理をしていたら、一度無水調理を試してみてください。きっと想像以上においしい料理ができあがるはずです。

毎日の料理が手軽で、簡単で、楽になる無水調理のおいしさと楽しさをたくさんの人に伝えたい。そんな気持ちを込めて、この本にはストウブを使った無水調理のレシピを83品収録しました。毎日作っていただけるよう、手軽に作れる野菜のおかずからメインディッシュになる肉や魚の料理まで、幅広いレシピを考えました。
大切な人との日々の生活の中で、ストウブの鍋と共にこの本が活躍したら、食卓が豊かになる手伝いができたら、どんなにうれしいことでしょう。もしも家で眠っているストウブがあったら、呼び起こして今日から使ってみてください。この本を通じて料理の楽しさを実感していただけると思います。
おいしい料理が食卓に並び、みなさんの幸せと笑顔が増えますように。

はるひごはん店主
大橋由香

目次

- ストウブで無水調理をしていますか？ ……………… 2
- 無水調理の良いところ ……………………………… 6
- 鍋の中ではこんなことが起こっています ……… 12
- 無水調理でよく使う食材 …………………………… 14

野菜のおかず

■ 基本——蒸し煮調理

- 焼き野菜マリネ ……………………………………… 18
- ブロッコリー蒸し …………………………………… 21
- いんげんのごま和え ………………………………… 21
- じゃがいも蒸し ……………………………………… 22
- おからポテトサラダ ………………………………… 23
- 豆乳マヨネーズ ……………………………………… 23
- 春菊ときのこのバターソテー ……………………… 24
- 長ねぎのマスタードピクルス ……………………… 25
- まるごとトマトのオニオンソース ………………… 26
- キャベツとしらすのペペロンチーノ炒め ………… 28

■ 応用——蒸し煮調理

- 無水ポトフ …………………………………………… 30
- ポトフカレー ………………………………………… 32
- リボリータ …………………………………………… 32
- ラタトゥイユ ………………………………………… 33
- かぶのホワイトグラタン …………………………… 34
- かぼちゃと玉ねぎのポタージュ …………………… 34
- 無水ロールキャベツ ………………………………… 35
- 豚肉と白菜のミルフィーユ鍋 ……………………… 38
- 豆乳しょうが豚汁 …………………………………… 40
- なすときのこの和風マリネ ………………………… 42
- 大根のそぼろ煮 ……………………………………… 43

[column] 豆料理

- 大豆の水煮 …………………………………………… 44
- タコライス …………………………………………… 44
- 五目豆 ………………………………………………… 45
- 黒豆煮 ………………………………………………… 46
- あんこ ………………………………………………… 47

肉と魚の料理

■ 鶏肉

- 鶏肉の無水煮込み …………………………………… 48
- なすとさつまいものスパイス煮込み ……………… 51
- 黒酢しょうが煮込み ………………………………… 51
- トマトハーブ煮込み ………………………………… 51
- にんじんとごぼうの照り焼きチキン ……………… 52
- きのこハーブの洋風煮込み ………………………… 52
- 中華風スペアリブ …………………………………… 53
- レンズ豆の煮込み …………………………………… 54
- オニオングラタンスープ …………………………… 54
- 雑穀のリゾット風 …………………………………… 54
- チキンのオイル煮 …………………………………… 55
- チキンフレーク ……………………………………… 57
- 鶏野菜そぼろ ………………………………………… 57
- レバーペースト ……………………………………… 58
- 砂肝ときのこのやわらか煮 ………………………… 59

[column] ゆで卵の作り方 ……………………………… 60

■ 豚肉

- 無水肉じゃが ………………………………………… 61
- 柚子塩鶏肉じゃが …………………………………… 63
- イタリアン肉じゃが ………………………………… 63
- 自家製ポークハム …………………………………… 64

◎この本の決まりごと

- レシピ中の大さじ1は15ml、小さじ1は5ml、1カップは200ml、いずれもすりきりです。
- 分量外で調味料が必要な場合は（ ）の中に分量を記載しています。
- 塩は天然海塩を使用しています。精製塩は塩辛くなるので分量に注意してください。
- 成分無調整豆乳は大豆固形分9％のものを使っています。

使用する鍋の種類と大きさは以下のように表しています。

ピコ・ココット ラウンド（20cm）　　ブレイザー ソテーパン（24cm）　鍋の大きさ

無添加しょうゆラーメン	64
エスニック春雨だんご	65
自家製ラー油	65
りんごと塩豚のロースト	68
リエット	69
とろとろもつ煮	70

[column] 白米の炊き方 ……… 71

■ 牛肉

トマトすき焼き	72
ローストビーフ	74
ローストビーフのサラダ	75
ビーフシチュー	76

■ 揚げ物

鶏の唐揚げ	78
フライドポテト	80
さつまいもシナモンシュガー	80
野菜のかき揚げ	81

■ 魚介

ノンアクアパッツァ	82
パスタ・リゾットにアレンジ	83
いかとかつおのアヒージョ	84
えびのビスク	85
鮭ときのこの豆乳チャウダー	85
ぶりの煮付け	88
鮭の甘酢照り焼き	89
いわしのやわらか黒酢煮	90

■ カレー

無水スパイスチキンカレー	92
グリーンカレー	94
牛すじトマトカレー	95
ポークカレー	95

■ スモーク調理

スモークチキン	98
6Pチーズ	100
うずら卵	100
練り物	100
ソーセージ	101
塩さば	101
自家製ベーコン	102

おやつ

焼きいも	104
さつまいもプリン	104
焼きバナナ	106
焼きりんご	106
メープル大学いも	107
紅玉のタルト・タタン風	108
ガトーショコラ	110

- バターは有塩を使っています。無塩バターでも作れます。
- きのこ類は石づきを取り、洗わずに使います。汚れが気になる場合はふき取ってください。
- 煮込む際の火加減は、特に記載がなければ極弱火です。また、表示をしている調理時間はおおよその目安です。調理する器具や環境によって変わりますので、様子を見ながら加減してください。
- オーブン、レンジの加熱時間は目安です。様子を見ながら加減してください。
- 塩豚のローストを冷凍する場合は粗熱を取り、空気が入らないようラップで包んでから保存袋に入れてください。
- 冷蔵、冷凍の保存期間は目安です。なるべく早く食べきるようにしてください。
- ストウブの大きさと使う際の注意事項は、表紙の表裏に記載しています。

| 無水調理の良いところ その1 | # 食材の旨みが凝縮する |

ストウブ以外の鍋
でつくった肉じゃが

水分を入れて調理

水分がたくさん入るため、具材が動いたりぶつかったりして煮崩れしやすくなります。

煮汁から出ている肉はかたくなりやすくなります。

水分をたくさん入れるので、市販のスープの素やだし、調味料も多めになり、食材本来の味が薄まってしまうことがあります。

煮汁を煮詰める時間が必要になることもあります。

ストウブは蓋がとても重いのが特徴。密閉性が高いので、蒸気や香りを外に逃がしません。食材から出た水分が蒸気として鍋の中でうまく循環するため、食材の水分だけで蒸し調理や煮込み調理ができるうえに、水分を加えないので味が薄まらず、市販のスープの素やだしを加えなくても旨みの凝縮した料理に仕上がります。

ストウブ
でつくった肉じゃが

食材から出た水分が鍋の中で対流し、雨のように常に鍋全体に降りそそぎます。落とし蓋をしなくても食材がしっとりと仕上がります。

調理過程で食材から水分が出てきます。水分に浸かった状態で煮込まないので、あまり煮崩れしません。

無水料理は水分を加えないので旨みが薄まりません。調味料が最小限ですむため、野菜の甘味を存分に味わうことができます。

加熱後、余熱を使ってさらに調理できます。火にかけている時間は短いので、光熱費の削減にもつながります。

調味料が最小限ですむ

無水調理の良いところ その**2**

ストウブ以外の鍋

水分を入れて調理 肉じゃがを作った場合の調味料の目安

- みりん…大さじ4
- だし…2カップ
- 酒…大さじ2
- しょうゆ…大さじ4
- 砂糖…大さじ2

家庭によって味付けは変わりますが、具材がひたひたになるくらいの煮汁で調理する場合の基本的な調味料の分量を上に記しました。
だしの量に比例して、甘味を補う砂糖やみりん、塩味を補うしょうゆの量が増えます。

水を入れるとその分、味が薄まるので、塩やしょうゆの分量が増えてしまいますが、無水調理は味が薄まらないので調味料を増やす必要がありません。食材が持つ旨みや香りが調味料がわりになるので凝った味付けも不要。みりんとしょうゆだけでも、食材の味が感じられるとてもおいしい料理に仕上がります。また、玉ねぎや野菜の甘味が砂糖の役割をするため、本書ではほとんどの料理で砂糖を使っていません。

ストウブ

水分を入れずに調理　肉じゃがを作った場合の調味料の目安

みりん…大さじ2

しょうゆ…大さじ2

食材から出る旨みがだしの代わりになるので、だしを入れる必要がありません。水分も加えないので味が薄まらず、しょうゆの量も少なくてすみます。野菜の甘味が砂糖の代わりになり、みりんの量も減ります。

無水調理の良いところ その3 | 基本的な加熱手順がどの料理もほとんど同じ

❶ 中火で油を温める

火加減
ガス…中火
IH…4〜5

● 強火で温めると熱くなりすぎてすぐに焦げてしまい、ホウロウが傷む原因になります。中火でも十分高温になりますので、必ず中火から始めてください。

● ストウブは、ガラス質のホウロウを吹き付けた鋳鉄鍋。内側がザラザラしているので食材がくっつきにくく、焼き付けが上手にできます。

❷ 食材を入れる

火加減
ガス…中火
IH…4〜5

● シリコンや木のヘラを使って食材を焼き付けたり炒めるなどして火を入れ、旨みと甘味を出します。見た目もおいしそうに変化します。

● この時に塩を入れてしまうと、食材から水分が出てしまい、うまく焼き付けられなくなるので注意。

❸ 塩をふって蓋をする

火加減
ガス…中火
IH…4〜5

● 蓋をして煮込む直前に塩をふります。この塩には下味のほかに浸透圧によって食材から水分が出やすくなる効果があります。

● 鍋の中の空いた空間で食材の蒸気が循環するので、煮込む際は必ず鍋の半分から7〜8分目まで食材を入れてください。少なすぎると蒸気が循環するまでに時間がかかり、底部分が焦げ付いてしまいます。

難しそうに見える無水調理ですが、どの料理も調理の流れが似ているのでコツさえつかめば応用ができます。材料を切って準備をしたら、調理スタート。まずは中火から始め、途中で弱火にしてコトコト煮込みます。やわらかくして中まで味をしみこませたい料理では、必ず放置する時間（余熱調理の時間）を取ってください。ストウブは厚手なので、火を止めたあとも調理が続きます。

❹ 蒸気が出たら極弱火にする

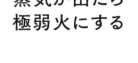

火加減
ガス…極弱火
IH…2〜3

● 蓋の隙間から蒸気が出たら、鍋の中に蒸気が溜まったサイン。ここで極弱火にすると蒸気が止まり、鍋の中でうまく循環するので、蒸気が出なくなるまで火を弱くしてください。
● ガスコンロならいちばん小さな火で煮込み、IHなら機種によりますが2〜3くらいにします。蒸気が出たままだと焦げ付く原因になるので注意。

❺ 指定時間煮込む

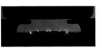

火加減
ガス…極弱火
IH…2〜3

● 具材の大きさやかたさ、仕上がりをどの程度やわらかくしたいかによって、火にかける時間はさまざま。魚介類は煮込み時間が短い方がかたくなりません。

[煮込み時間の目安]
野菜：3〜20分
鶏肉：10〜45分
豚肉（薄切り）：10〜20分
豚肉（ブロック）：40〜1時間以上
牛肉（ブロック）：1時間以上
魚介（切り身）：3〜5分
魚介（丸ごと）：10〜15分

❻ 火を止めて放置（余熱調理）する

火加減
止める

● 火を止めてそのまま放置し、余熱でさらに調理します。特に食材をやわらかく仕上げたい場合は必ず放置する時間を取ってください。
● 新聞紙とバスタオルで二重に包んだり、オーブン調理（p.69）をするとさらに余熱効果がアップします。

鍋の中はどうなっている？ くわしくは次のページで☞

ストウブで無水調理

☞ 鍋の中ではこんなことが

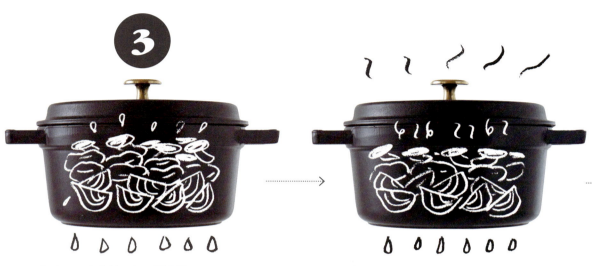

塩をふった食材から、浸透圧によってたくさんの水分が出てきます。

水分が蒸気になり、鍋の中に充満します。蓋が重いので蒸気が外に逃げません。

火を弱めることで蒸気が止まり、鍋の中でうまく循環します。途中で蓋を開けてしまうと、旨みを含んだ蒸気が逃げてしまうので注意。開けた場合はもう一度中火で蒸気を出してから弱火にしてください。

火を止めてそのまま放置します。放置している間は、鍋の余熱で調理をしている状態になります（余熱調理）。ピコからは引き続きアロマレインが降り注ぎ、その汁に食材が浸かり、味がしみ込んでいきます。

起こっています [p.10-11、❸〜❻の鍋の中の様子]

❸ 蓋についた蒸気は、突起（ピコやシステラと呼ぶ）を伝って水滴（アロマレイン）となり、雨のように食材に降りそそぎます。その結果、蒸気がさらに対流します。

❹ 蒸気が鍋中に充満して、圧力が最高潮に高まった時、蓋の隙間からうっすらと蒸気がもれ出ます。この時、弱火にします。

完成 一定の放置時間（できればストウブが冷めるまで）を経て、できあがりです。そのまま食べてもよし、もう一度温め直してから食べてもよし。お好みの食べ方でどうぞ。蓋の裏には旨みを含んだ水滴がたくさんついているので、開ける時に水滴を鍋の中に振り落とすクセをつけましょう。

無水調理でよく使う食材

煮込みたい時は、水分を多く含む野菜をたくさん入れることで
おいしいスープがたくさん出ます。

野菜

野菜の水分を上手に生かすのが無水調理のコツ。
野菜の種類や切り方で、水分量を調整してください。

玉ねぎ

水分をたくさん含むため、無水調理には欠かせない野菜。水分を出したい場合は繊維に直角に薄切りに。形を残したい場合は、芯を落とさず四つ割りや半割りにしたり、小さめのものなら丸ごと煮込んでもいいでしょう。

トマト

完全に煮崩したい時は2cm大の角切りに、形を残したい時はくし形など大きめに切ります。ミニトマトは、水分を出したい時は半分か四つ割りにしてください。

長ねぎ

5cmほどの長さで煮込むとしっかり形が残ります。焼き付けてから煮込むと甘味アップ。

きのこ類

水分をたくさん含んでいるので、水分が必要な料理におすすめ。
汚れが気になる場合は、濡れたキッチンペーパーなどで軽くふき取って。

しめじ

石づきを取り、手でほぐします。

えのき

石づきを取り、半分の長さに切ってほぐします。

しいたけ

石づきを取り、食べやすい大きさに切ります。

マッシュルーム

石づきを取り、土が付いていたら軽くふき取ります。

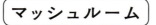

staub cooking manual

ごぼう

煮崩れしにくいので長時間の煮込み料理におすすめ。3〜5cmの長さに切り、色をきれいに仕上げたい場合は切ってから水にさらします。よく洗えば皮つきのまま使えます。

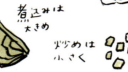

大根

よく水が出る野菜。皮をむいて厚めに切り、乱切りにすると味が染みやすくなります。あく抜きは必要なし。焼き付けて煮込むと美味。

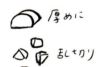

キャベツ・白菜

炒め物の時は小さく切り、ポトフなど長時間の煮込みには四つ割り〜八つ割りくらいの大きさに。焼き付けると甘味が増します。

かぶ

大根と同様に水分を多く含みます。煮込む際は煮崩れしやすいので四つ割り〜半割り程度の大ぶりに。水分を出したい時は薄切りに。

れんこん

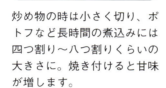

皮をむき、輪切りや乱切りに。乱切りにするとよく味がしみます。

じゃがいも・にんじん

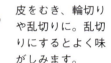

煮込み時間によって乱切りや角切りなどにして大きさを変えてください。小粒のじゃがいもは皮をむかずにそのまま入れても。煮崩れしやすいので煮込む場合は鍋の上の方に置きます。

魚介

だしが出やすい貝類は、無水調理に欠かせない存在。魚介はかたくなりやすいので、さっと火を通す程度に仕上げます。

あさり

旨みを閉じ込めるストウブの調理にぴったりの食材。本書のおすすめは魚と合わせたノンアクアパッツァ（p.82）。

魚

さっと蒸すと、ふっくらおいしく調理できます。切り身の魚なら火が通りやすく簡単に調理できるので、魚料理のハードルが下がります。一尾まるごと使う場合は、切り込みを入れると火が通りやすくなります。

肉

無水調理なら、いつもの肉がよりやわらかく、ジューシーに仕上がります。
切り方を変えれば旨みの出入りを調整できます。

鶏もも肉

適度に脂肪の付いた、とても使いやすい部位。長く煮込めばやわらかくなり、短時間の調理でもおいしく食べられます。長く煮すぎるとやわらかくなりすぎてしまうので気を付けて。カレーなどはひと口大に切って煮込むと旨みが汁にしみ出しやすくなります。

鶏むね肉

脂肪分が少ないのでパサつきがちですが、余熱を使って調理するととてもやわらかくなります。長時間煮込むとパサつくので、細長く切ったりたたいて薄くのばして加熱時間を短縮しましょう。

鶏手羽

骨付きの手羽肉は、旨みがたっぷり出るので長く煮込む料理におすすめ。余熱を使ってしっかり煮込むと、箸で崩せるほどやわらかくなります。

豚肩ロース、豚ばら肉

ブロック肉は、かたまりのまま調理すると、旨みを閉じ込めたまま、おいしくジューシーに仕上がります。旨みを汁に出したいカレーやシチューの時は、ひと口大に切って使います。

調味料

油脂と塩は
ほとんどの料理に
必要です。
味の決め手にもなるので、
良質なものを
選んでください。

油脂

香りが残るような料理にはエキストラバージンオリーブ油、加熱する時はピュアオリーブ油、香りを付けたくない料理や製菓用には一番搾りの菜種油を使っています。中華風の香りをつけたい時はごま油をほんの少々。バターは香りとコクを補う時に時々使います。

staub cooking manual

豚スペアリブ

骨付きのスペアリブは、煮込めば煮込むほどやわらかくなります。しっかりと味付けをすれば、男性ウケも◎。

牛すね肉、牛ばら肉

ビーフシチューなど煮込み料理に使う牛肉の代表的な部位。旨みを汁に出す場合はひと口大に切って使います。少し時間がかかりますが、余熱調理の時間を多くとればやわらかく仕上がります。

豚もも肉

脂肪分が少なくパサつきがちな部位ですが、ストウブならばしっとり調理することができます。小さく切って衣を付けて、一口カツにするのもおいしいですよ。

牛すじ肉

脂が多く、アクが出るので一度茹でこぼしてから使います。しっかり煮込むとやわらかくなります。

塩

わたしは、片手でふれる筒状の容器に入った天然海塩と、仕上げ用の粗い天然海塩を常備しています。本書ではほとんどの料理を塩だけで味付けするので、塩の分量がとても重要になります。大切なのは、毎日同じ塩を使い「このくらいふったらこのくらいの塩味になる」と自分の体で覚えること。食材ひとつひとつに塩をふることで味がぼやけず、しっかりとしたおいしい料理になります。

☞ レシピには塩の分量を記しましたが、塩の種類によって塩辛さが異なるので、加減してください。

☞ 山の塩や湖の塩は塩辛いので分量に気を付けましょう。

野菜のおかず

〚 基本──蒸し煮調理 〛

ストウブと塩だけでおいしく仕上げる、基本的な調理法です。
焼き付けてから蒸すと野菜の甘味がギュッと凝縮して、野菜本来のおいしさが楽しめます。

staub recipe 1　焼き野菜マリネ

オリーブ油と塩、こしょうだけで野菜がここまでおいしくなる。
仕上げに黒こしょうをがりっと挽いて、香りと風味をプラス。

1　玉ねぎは8等分のくし形に、にんじんは皮をむき5cm長さの棒状に、れんこんは皮をむき、1.5cm厚さの半月切りにする。しめじはほぐす。鍋にオリーブ油を入れて中火で熱し、にんじんとれんこんを色づくまで全面を焼き付け、塩小さじ1/4をふり一度取り出す。

2　玉ねぎを入れて両側面を焼き付ける。皮が付いていた面を下にして置き、塩小さじ1/4をふる。

[材料:4人分]

玉ねぎ……………………… 1個	オリーブ油……………… 大さじ1
にんじん……………………… 1本	塩……………………… 小さじ1/2
れんこん……………………… 1節	黒こしょう………………………少々
しめじ………… 1/2パック (約50g)	タイムなどのハーブ…… あれば2枝

3　2の上に1のにんじん、れんこん、しめじをのせ、塩(少々)をふって蓋をする。鍋の容量の半分以上、食材が入っているようにする。

4　蓋の隙間から蒸気が出たら、極弱火にして10分加熱する。火を止め、蓋をしたまま鍋が冷めるまで放置(余熱調理)する。器に盛り、黒こしょうを挽き、ハーブをかざる(p.20)。

staub recipe 1 焼き野菜マリネ

☞ p.19の3で塩をふった後に、バルサミコ酢大さじ1を入れてもおいしい。

staub recipe 2 ブロッコリー蒸し

洗った時の水分だけで蒸し煮するので、栄養価が下がりません。かために調理して冷蔵庫で保存しておくと、すぐに使えて便利です。

[材料：1株分]
ブロッコリー……………………………1株

1　ブロッコリーは小房に分け、よく洗う。
2　水滴が付いたまま鍋に入れ、蓋をして中火で5分加熱する。
3　中でじゅうじゅう音がしたら蓋を開け、火を止めて下のブロッコリーが上にくるように全体を混ぜる。蓋をして5分ほど放置（余熱調理）する。かたければ放置時間を長めにとる。

☞ しっかり火を通して焼き色をつければ香ばしいおかずに。

staub recipe 3 いんげんのごま和え

小さなストウブは熱回りが早く、短時間で調理することができ、お弁当作りにも重宝します。茹で加減は余熱時間で調節してください。

[材料：2人分]
いんげん……………………………20本
黒すりごま………………………大さじ2
しょうゆ…………………………大さじ1
砂糖………………………………小さじ1/2

1　いんげんは筋があれば取り、半分の長さに切る。すりごま、しょうゆ、砂糖は合わせておく。
2　鍋に洗ったいんげんを入れ、蓋をして中火で3分加熱する。
3　ひと混ぜして火を止め、蓋をして2分ほど放置（余熱調理）する。火が通っていれば1の調味料と和える。かたいようなら放置時間を長めにとる。

☞ 少量を蒸し煮する場合は、14cmなどの小さな鍋を使うと便利です。

staub recipe 4 じゃがいも蒸し

じゃがいもを入れる分量は、鍋の容量の半分から7〜8分目。
少ないと蒸気が蓋の隙間から出ず、
多いと火が通りづらいので必ず分量を守って。

staub 20cm

[材料：2〜4人分]
じゃがいも …………………… 4個
オリーブ油 ………………… 大さじ1
塩 ………………………… 小さじ1/2

1. じゃがいもは皮をむき、3cm角に切って水にさらす。鍋にオリーブ油、水気を切ったじゃがいもを入れ、塩をふってひと混ぜする。

2. 蓋をして中火にかける。蓋の隙間から蒸気が出たらひと混ぜし、蓋をして弱火で10分加熱する。

   ☞ いも、かぼちゃ、さつまいもを使う場合は弱火にする前にひと混ぜすると鍋底に付きにくい。

3. 上部のじゃがいもが木べらで崩れるくらい火が通ったら、ひと混ぜして火を止め、蓋をして10分ほど放置（余熱調理）する。

staub recipe 5　おからポテトサラダ

メイン料理の付け合わせや酒の肴に重宝します。

[材料：4人分]
じゃがいも蒸し(p.22) ……… 200g
生おから ……………………… 50g
豆乳マヨネーズ（下記）… 大さじ2〜3
きゅうり ……………………… 1/2本
にんじん ……………………… 1/8本

1. きゅうりは薄く輪切りにして塩（少々）をふってしばらく置き、水分が出たら絞る。にんじんは千切りにする。
2. すべての材料をよく混ぜ、塩、黒こしょう（各少々）で味を調える。

豆乳マヨネーズ

作りたてならではの、まろやかな酸味と味わい。

[材料：作りやすい分量]
成分無調整豆乳 ……………… 50mℓ
酢 ……………………………… 20mℓ
塩 …………………………… 小さじ1/2
きび砂糖 …………………… 小さじ2
オリーブ油 ………………… 100mℓ

1. すべての材料をボウルに入れ、ブレンダーやミキサーで撹拌する。

staub recipe 6 春菊ときのこのバターソテー

バターをオリーブ油にかえて、にんにくのみじん切りで仕上げても。
ベーコンを加えればボリュームおかずになります。

[材料:2人分]
春菊…………………………………1束
しめじ………………1パック（約100g）
有塩バター…………………………15g
塩………………………………小さじ1/4
こしょう……………………………少々

1. 春菊は軸の根元2cmを切り落とし、3等分の長さに切る。しめじはほぐす。
2. 春菊を水にくぐらせ、水滴を付けたまま鍋に入れ、蓋をして中火で3分加熱する。蓋を開け、しんなりしたら取り出す。
3. 2の鍋をさっと洗い、水気を拭き取り中火にかける。
4. バターを入れ、溶けたらしめじと水気をよく絞った 2 を入れ（熱いので注意）、蓋をする。蓋の隙間から蒸気が出たら、塩、こしょうをふってよく混ぜる。

staub recipe 7 長ねぎのマスタードピクルス

長ねぎがストウブの力でとても甘く仕上がります。
しっかり焼き目を付けるとさらにおいしい。カレーライスの箸休めにどうぞ。

[材料：4人分]
- 長ねぎ ……………………… 3本
- 粒マスタード ……………… 小さじ2
- 白ワインビネガー ………… 小さじ2
- オリーブ油 ………………… 大さじ1
- 塩 …………………………… 小さじ1/4
- こしょう …………………… 少々

1. 長ねぎは5cm長さに切る。
2. 鍋にオリーブ油を入れて中火で熱し、1を重ならないように入れる。両面を焼き付けて塩をふり、焼けたものから取り出す。残りのねぎも同様に焼く。
3. 鍋に戻し、ワインビネガーをふり蓋をする。蓋の隙間から蒸気が出たら、弱火にして3分加熱する。火を止め、蓋をしたまま5分ほど放置（余熱調理）する。
4. 粒マスタードを入れ、こしょうをふって混ぜる。

staub recipe 8 まるごとトマトのオニオンソース

トマトをしっかりと加熱して、とろりとおいしく調理します。
見た目もとてもかわいいので、おもてなしにも喜ばれそう。
ストウブごと食卓にどうぞ。

[材料:4人分]

玉ねぎ	1個
にんにく	1かけ
トマト	4個(小さめのサイズ)
オリーブ油	大さじ1
塩	小さじ1/2
バジルの葉	3枚
エキストラバージンオリーブ油	大さじ1
黒こしょう	少々

1. 玉ねぎ、にんにくはみじん切りにする。トマトはヘタを取り、ヘタが付いていた側に十字の切り込みを半分くらいの深さまで入れる❶。反対側には浅く十字の切り込みを入れる。
2. 鍋にオリーブ油を入れて中火で熱し、にんにく、玉ねぎを入れて軽く炒める。しんなりしたら、トマトを深く切り込みを入れた側を下にして入れ、蓋をする。
3. 蓋の隙間から蒸気が出たら、極弱火にして5分加熱する。蓋を開けてトマトの皮をむき取り❷、全体に塩をふり、もう一度蓋をして中火で熱する。
4. 蓋の隙間から蒸気が出たら火を止め、蓋をしたまま5分ほど放置(余熱調理)する。トマトを取り出す。
5. ソースを作る。鍋を中火で再び温め、塩(少々)で味を調える。器にしき、4のトマトをのせる。バジルの葉をちぎって散らし、仕上げにエキストラバージンオリーブ油をかけ、黒こしょうを挽く。

トマトの水分で蒸し調理。旨みのしみ込んだ玉ねぎのソースと一緒にいただきます。バゲットやクラッカーとの相性も◎。

staub recipe 9 キャベツとしらすのペペロンチーノ炒め

甘く蒸したキャベツに、しらすの塩気とピリ辛唐辛子のアクセント。
シンプルな食材で、りっぱな一品料理ができあがります。

[材料：4人分]

キャベツ	400g（約1/4個）
にんにく	2かけ
赤唐辛子	1本
水菜	1束
オリーブ油	大さじ1
しらす	30g
塩	小さじ1/2
塩、こしょう	各少々

1. キャベツはひと口大に、にんにくはみじん切りに、赤唐辛子は小口切りに、水菜は3cm長さに切る。
2. 鍋にオリーブ油、赤唐辛子、にんにくを入れて弱火にかける。香りが出てきたらしらすを入れて中火にし、キャベツを入れて塩をふる。全体を混ぜ、蓋をして中火のまま3分加熱する。
3. 蓋を開けて一度混ぜる。キャベツがかたいようなら、火を止めて蓋をして5分ほど余熱で放置する。
4. 塩、こしょうで味を調え、器に盛る。粗熱が取れたら水菜をのせる。

炒め物は、水分を出さないよう中火で加熱し続けましょう。混ぜ続けなくてよいので作業もらくちん。パスタに和える場合は、キャベツを炒めて蓋をして、蓋の隙間から蒸気が出たら極弱火に。そのまま蒸せば水分が出るので麺とよく絡んでおいしい。

野菜のおかず

[応用──蒸し煮調理]

普段のおかずが少しのコツで完全無水に。コンソメやだしを入れる必要はありません。
野菜をたっぷり食べられるのもよいところ。

staub recipe 10 　無水ポトフ

ポトフも無水で作れます。
野菜と肉の旨みが詰まった煮汁は、色々な料理に使い回せます。

[材料：3～4人分]

玉ねぎ	2個
にんじん	1本
じゃがいも	小2個
（メイクイーンなど煮崩れにくいものがよい）	
キャベツ	1/4個
しめじ	1パック（約100g）
トマト	2個
鶏手羽元	6本
ソーセージ	6本
ローリエ	2枚（あれば）
オリーブ油	大さじ1
塩①	小さじ1/2
塩②	小さじ1/2
塩、こしょう	各少々

1　玉ねぎは四つ割りに、にんじんは乱切りに、じゃがいもは四つ割りに、キャベツは四つ割りにする。しめじはほぐす。トマトは8等分の角切りにする。手羽元に塩①をする。

2　鍋にオリーブ油を入れ、手羽元とソーセージを端に寄せて入れ、空いた隙間に野菜を詰め、全体に塩②をふる。ローリエをのせ❺、蓋をして中火にかける。

3　蓋の隙間から蒸気が出たら、極弱火にして40分加熱する。

4　水分が十分に出たら❻火を止め、煮汁の中に具を押し込み、蓋をして鍋が冷めるまで放置（余熱調理）する。食べる前に温め、塩、こしょうで味を調える。

水分が出ない場合は蒸気がうまく回っていないということ。再度中火にして蓋の隙間から蒸気を出してから、弱火にして煮込むと十分に水が出ます。放置（余熱調理）することでさらに水分が出てきます。

アレンジでもう一品

staub recipe 11　ポトフカレー

カレー粉を加えれば
かんたんカレーのできあがり。

[材料:1人分]
カレー粉······················小さじ2
バター·························30g
小麦粉·························小さじ2
ポトフの煮汁 (p.30)············100㎖
ポトフの具 (p.30)··············お好みで

1　ボウルに溶かしたバター、カレー粉、小麦粉を入れてよく混ぜる。
2　ポトフの具を適当な大きさに切り、煮汁に入れて温める。1を溶かし入れ、とろみがつくまで温める。

アレンジでもう一品

staub recipe 12　リボリータ

とろとろのバゲットが
おいしいイタリア風の
パンスープ。

[材料:1人分]
トマト···························1個
いんげん························5本
ポトフの具 (p.30)··············お好みで
ポトフの煮汁 (p.30)············100㎖
バゲット························2切れ
パルミジャーノチーズ············少々

1　トマトといんげんは1cm角に切る。鍋にトマト、いんげん、ポトフの具と煮汁、小さく切ったバゲットを入れてやわらかくなるまで煮込む。パルミジャーノチーズのすりおろしをかける。

staub recipe 13 ラタトゥイユ

夏野菜をたっぷり入れて、短時間で煮込むラタトゥイユ。
できたてはもちろん、冷やして食べてもおいしい。

staub 20cm

[材料：4人分]

玉ねぎ	1/2個
にんじん	1/2本
セロリ	1/2本
なす	2本
赤パプリカ	1/2個
にんにく	1かけ
トマトペースト	1パック（約18g）
バジルの葉	3枚
オリーブ油	大さじ1
塩	小さじ1/2
こしょう	少々

1. 玉ねぎ、にんじん、セロリは2cm角に切る。なす、パプリカは3cm角に切る。にんにくは半割りにして軽くつぶす。
2. 鍋ににんにくとオリーブ油を入れて弱火にかけ、香りが出たら中火にして玉ねぎ、にんじん、セロリを入れて炒める。しんなりしたらなすとパプリカを入れて混ぜ、全体に油が回ったらトマトペーストを入れる。塩をふって混ぜ、蓋をする。
3. 蓋の隙間から蒸気が出たら、極弱火にして10分加熱する。塩、こしょうをふり、蓋をして5分ほど放置（余熱調理）した後、バジルの葉をちらす。

☞ 生のトマトを使うと水っぽくなりすぎるので、水をあまり出したくない場合はトマトペーストが便利。
☞ お好みで、冷めてから温め直しても。

staub recipe **14**
かぶのホワイトグラタン

staub recipe **15**
かぼちゃと玉ねぎのポタージュ

staub recipe **16**
無水ロールキャベツ

staub recipe 14

かぶのホワイトグラタン

かぶと豆乳のピュレを野菜にかけ、
チーズをのせて焼き上げます。
ピュレをごはんに混ぜて
簡単リゾットにしてもおいしいですよ。

[材料：20×16cmのグラタン皿1台分]
玉ねぎ	1/2個
かぶ（ピュレ用）	2個
（具用）	1個
れんこん	1節
エリンギ	1パック
オリーブ油	大さじ1
成分無調整豆乳	約25ml
塩	小さじ1/2
バター	大さじ1
ピザ用チーズ	30g
塩、こしょう	各少々

1. 玉ねぎは繊維に直角に薄切りにする。かぶはよく洗い、ピュレ用は皮付きのまま薄切りに、具用はひと口大に切る。れんこんとエリンギはひと口大に切る。
2. 鍋にオリーブ油を入れて中火で熱し、玉ねぎを入れて軽く炒める。ピュレ用のかぶを入れて塩をふり、蓋をして極弱火で10分加熱する。火を止めて蓋をしたまま10分ほど放置（余熱調理）する。野菜がやわらかくなったら豆乳を入れ、なめらかになるまでブレンダーで撹拌する。
3. フライパンにバターを熱し、れんこん、エリンギ、具用のかぶを入れてよく炒める。塩、こしょうをふり、グラタン皿に移す。
4. 2をかけ❶、ピザ用チーズをのせて190℃のオーブンで20分ほど、チーズがこんがりと色付くまで焼く。

☞ かぶは蓋をして最初から弱火で加熱するとソースが白く仕上がる。

staub recipe 15

かぼちゃと玉ねぎのポタージュ

かぶ、キャベツ、にんじん、
さつまいも、玉ねぎだけなど
色々な野菜で作れます。
豆乳を入れすぎると豆乳臭くなるので注意。

[材料：4人分]
かぼちゃ	1/4個（約300g）
玉ねぎ	2個
オリーブ油	大さじ1
塩	小さじ1
成分無調整豆乳	450～550ml
塩、こしょう	各少々

1. かぼちゃは皮をむいて薄切りにする。玉ねぎは繊維に直角に薄切りにする。
2. 鍋にオリーブ油を入れて中火で熱し、玉ねぎを軽く炒める。かぼちゃを入れて塩をふり、全体を混ぜて❶蓋をする。蓋の隙間から蒸気が出たら、極弱火にして10分ほど加熱し、かぼちゃがやわらかくなったら火を止め、蓋をしたまま10分ほど放置（余熱調理）する。
3. 2をミキサーに移し、豆乳を加えて撹拌する❷。加熱するととろみがつくので、薄めに入れて少しずつ調整する。
4. 3を鍋に戻して温め、塩、こしょうで味を調える。豆乳は沸騰させると分離するので、中火でよく混ぜながら湯気が出るくらいまで温める。器に盛り、お好みで黒こしょうとオリーブ油をふる。

☞ 豆乳を入れると傷みやすくなるので、食べる直前に食べる量だけミキサーにかける。

staub recipe **16**

無水ロールキャベツ

ロールキャベツも無水で作れます。
加熱後に冷ましてから再度煮込むと
やわらかく仕上がります。
トマトの角切りを加えればトマト味に。

[材料：4人分]

キャベツ ……………………………………… 4枚
玉ねぎ ………………………………………… 2個
えのき ……………………………… 1パック（約200g）
ロールキャベツの具
　豚ひき肉 ……………………………………… 400g
　絹ごし豆腐 …………………………………… 150g
　片栗粉 ……………………………………… 大さじ1
　塩 ………………………………………… 小さじ1/2
オリーブ油 …………………………………… 大さじ1
塩 …………………………………………… 小さじ1/2
塩、こしょう ………………………………… 各少々

1　キャベツは一枚ずつ水にくぐらせる。鍋に重ねて入れ、蓋をして中火で5分ほど蒸す。裏返し、蓋をしてしんなりするまで5分ほど蒸す❶。取り出して粗熱を取り、芯を削ぐ。

2　玉ねぎは6〜8等分のくし形に切り、えのきは半分の長さに切ってほぐす。

3　ボウルにひき肉と塩を入れて粘りが出るまで混ぜ、豆腐、片栗粉を入れてさらによく混ぜる。4等分して①の上にのせ、削いだ芯ものせて一緒に包む❷。

4　1で使った鍋にオリーブ油を入れ、③のとじ目を下にして置く。玉ねぎを周りに入れてえのきをのせて❸全体に塩をふり、蓋をして中火で加熱する。

5　蓋の隙間から蒸気が出たら、極弱火にして40分加熱する。火を止め、煮汁に具材を押し込み、蓋をして鍋が冷めるまで放置（余熱調理）する。食べる前に温め、塩、こしょうで味を調える。

☞　キャベツをやわらかくしたい場合は、
　　⑤で冷ました後、弱火でまたコトコト煮込むとよい。
☞　豆腐は水切り不要。

staub recipe 17 豚肉と白菜のミルフィーユ鍋

豚肉の旨みと油揚げの油を吸ったジューシーな白菜。
柚子こしょうやからしを付けて食べても美味。

[材料:2〜3人分]
- 白菜……………………………1/4個
- 豚バラスライス………………200g
- 油揚げ……………………………2枚
- 塩………………………………小さじ1
- 柚子皮…………………………1個分
- 万能ねぎ…………………………少々

1. 油揚げは熱湯をかけて油ぬきし、水気をよく切る。白菜はよく洗って水気を切る。
2. 白菜の葉の間に豚肉と油揚げを交互に挟み込む❶。
3. 包丁で芯を残して縦半分に切り込みを入れる。さらに横4等分の長さに切りながら、切り口を見せるように鍋に詰めていく❷❸❹。最後に芯を落とす。
4. 全体に塩をふり、蓋をして中火にかける。
5. 蓋の隙間から蒸気が出たら、極弱火にして30分加熱し、蓋をしたまま30分ほど放置(余熱調理)する。食べる前に温め直し、千切りにした柚子皮と小口切りにした万能ねぎをのせる。

staub recipe 18　豆乳しょうが豚汁

味噌と豆乳が合わさりクリームシチューのようなコクに。
豆乳が苦手な人でもおいしく食べられます。
しょうががアクセントに。

[材料：4〜6人分]

- 長ねぎ　1本
- ごぼう　1/2本
- にんじん　1本
- 大根　1/8本
- じゃがいも　2個
- 白菜　1/4個
- えのき　1/2パック（約100g）
- しめじ　1/2パック（約50g）
- しょうが　20g
- 豚ひき肉　200g
- 成分無調整豆乳　500ml
- 味噌　大さじ2
- オリーブ油　大さじ1
- 塩①　小さじ1
- 塩②　小さじ1/2

1. 長ねぎ、ごぼうは1cm長さに、にんじん、大根はいちょう切り、じゃがいも、白菜は2cm角に、えのきは半分の長さに切ってほぐす。しめじはほぐす。しょうがはすりおろす。
2. 鍋にオリーブ油を入れて中火で熱し、長ねぎ、ごぼう、にんじん、ひき肉を入れて炒める ⓐ。塩①をふり、上にしめじ、えのき、大根、じゃがいも、白菜をのせ ⓑ 塩②をふり、蓋をする。
3. 蓋の隙間から蒸気が出たら、極弱火にして40分加熱する。火を止め、蓋をしたまま鍋が冷めるまで放置（余熱調理）する。
4. 水分が出ていたら ⓒ しょうが、豆乳を入れて中火で温める。味噌を溶かしながら入れ、塩（少々）で味を調える。

☞ 沸騰させると豆乳が分離するので、温める程度にとどめる。
☞ 豆乳を入れると日持ちしなくなるので、食べる分だけ取り分けて温める。

staub recipe 19 なすときのこの和風マリネ

ストウブなら少量の油でも、なすがやわらかくなります。
夏はそうめんや冷やしうどんにのせても。

[材料：2人分]
- なす……………………………………2本
- えのき………………1パック（約200g）
- しょうが……………………………… 10g
- みょうが……………………………… 3本
- オリーブ油………………………… 大さじ1
- 黒酢………………………………… 大さじ2
- しょうゆ…………………………… 小さじ2
- 塩………………………………… 小さじ1/2

1. なすは皮目に格子状の切り込みを入れ、ひと口大に切る。しょうがはみじん切りに、みょうがは千切りにする。えのきはほぐす。
2. 鍋にオリーブ油としょうがを入れて弱火で熱し、香りが出たらなすを入れ、中火でよく炒める。えのきを入れて塩をふり、全体を混ぜたら蓋をして極弱火で10分加熱する。
3. 火を止めてひと混ぜし、蓋をして5分ほど放置（余熱調理）する。黒酢、しょうゆを入れて全体に絡め、器に盛り、みょうがをのせる。

staub recipe 20 大根のそぼろ煮

なすや冬瓜など旬の野菜で作ってみてください。
野菜をかえ、豚肉を鶏肉にしても
おいしく仕上がります。

[材料：2人分]
- 大根 ……………………………… 1/2本
- 豚ひき肉 ………………………… 200g
- しょうゆ ………………………… 大さじ2
- みりん …………………………… 大さじ2
- 水溶き片栗粉
  - 片栗粉 ………………………… 大さじ1
  - 水 ……………………………… 大さじ2
- みつば …………………………… 少々
- 塩 ………………………………… 少々

staub 20cm

1. 大根は皮をむき、乱切りにする。
2. 鍋にしょうゆとみりんを入れて中火にかけ、煮立ったらひき肉を入れて混ぜる。肉に火が通ってポロポロの状態になったら大根を入れ、ひと混ぜして蓋をする。蓋の隙間から蒸気が出たら、極弱火にして20分加熱する。火を止めてひと混ぜし、蓋をして鍋が冷めるまで放置（余熱調理）する。
3. 再び中火で温め、塩で味を調え、水溶き片栗粉でとろみをつける。器に盛り、みつばを飾る。

豆料理

無水調理ではないけれど STAUBは豆を煮るのも得意です

ストウブは豆料理の調理も得意。
料理教室でもよく聞かれる、
3種類の豆の煮方と下煮した豆の料理を紹介します。

staub recipe 21 大豆の水煮

ひよこ豆、白いんげん豆など
他の豆でも同様にできる、
乾燥豆の戻し方の基本です。

staub 20cm

[材料：作りやすい分量]
大豆（乾燥）……………………………… 300g

[戻し方]
1. 大豆を鍋に入れ、3倍の水を入れて8時間ほど置く 。24時間以上置くと豆がかたくなるので注意。急いで戻したい時はぬるま湯に浸ける。
2. そのまま中火にかけ❶、沸騰したら蓋をして極弱火で40分茹でる。火を止め、蓋をしたまま鍋が冷めるまで放置（余熱調理）する。

☞ さらにやわらかく仕上げる場合は、茹で時間を長くする。
☞ 冷めたら保存袋に煮汁ごと入れて冷凍庫で2〜3週間保存可能。

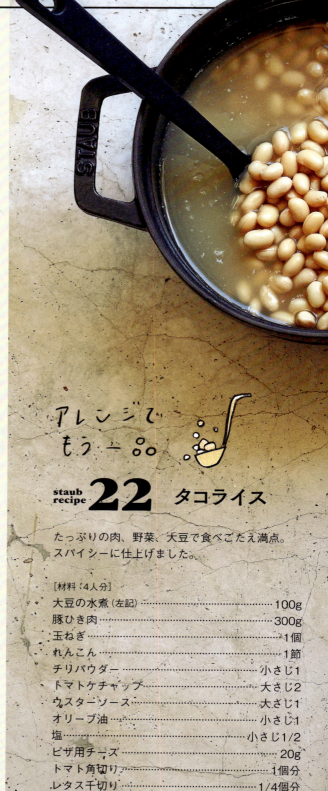

アレンジでもう一品

staub recipe 22 タコライス

たっぷりの肉、野菜、大豆で食べごたえ満点。
スパイシーに仕上げました。

[材料：4人分]
大豆の水煮（左記）……………………… 100g
豚ひき肉 ………………………………… 300g
玉ねぎ …………………………………… 1個
れんこん ………………………………… 1節
チリパウダー …………………………… 小さじ1
トマトケチャップ ……………………… 大さじ2
ウスターソース ………………………… 大さじ1
オリーブ油 ……………………………… 小さじ1
塩 ………………………………………… 小さじ1/2
ピザ用チーズ …………………………… 20g
トマト角切り …………………………… 1個分
レタス千切り …………………………… 1/4個分
アボカド角切り ………………………… 1個分
ごはん …………………………………… 4膳

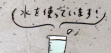

staub recipe 23 　五目豆

たくさんの野菜と大豆の水煮を一緒に煮ています。水分を加えないのでしっかりと味がしみこみます。

[材料：作りやすい分量]
大豆の水煮（左記）	300g
ごぼう	1/2本
にんじん	1本
こんにゃく	1/2枚
干ししいたけ	3枚
オリーブ油	小さじ2
しょうゆ	大さじ2
みりん	大さじ2
塩	小さじ1/2

1. 干ししいたけはかぶるくらいの水で戻す。しいたけ、ごぼう、にんじん、こんにゃくは1cm角に切る。
2. 鍋にオリーブ油を中火で熱し、ごぼう、にんじんを炒める。しいたけ、こんにゃく、大豆、しょうゆ、みりん、塩を入れ、軽く混ぜて蓋をする。
3. 蓋の隙間から蒸気が出たら、極弱火にして15分加熱する。火を止めて全体を混ぜ、蓋をして鍋が冷めるまで放置（余熱調理）する。

1. 玉ねぎはみじん切り、れんこんは1cm角に切り、大豆の水煮の半分は細かく切る。
2. 鍋にオリーブ油を中火で熱し、玉ねぎを入れて炒める。ひき肉とチリパウダーを加えボロボロになるまで炒める。れんこんを入れて炒め、大豆と塩を加えて炒める。ケチャップ、ウスターソースを入れて水分を飛ばす。
3. ごはんを器に盛り、2をかける。チーズ、トマト、レタス、アボカドをのせ、チリパウダー（少々）を仕上げにかける。

staub recipe 24 黒豆煮

つやつや、ふっくら。
黒糖を使うことで
おいしく仕上がります。

[材料:作りやすい分量]

黒豆 ………………………………… 200g
黒糖 ………………………………… 150g
重曹 ………………………………… 小さじ1/2

1. 鍋に水800ml、黒糖50g、重曹を入れて混ぜ、中火にかける。40℃くらいになったら優しく洗った黒豆を入れて蓋をし、4時間～一晩放置する ⓐ。
2. 蓋をしないで中火にかける。沸騰したらあくを取り ⓑ、蓋をして極弱火にして1時間煮る。
3. 黒糖50gを加えて全体を混ぜ、中火にする。ふつふつと静かに沸騰している状態で蓋をして、極弱火で20分炊く。豆が煮汁から顔を出すようならぬるま湯100mlを加え、黒糖50gを加えて全体を混ぜ、中火にして静かに沸騰している状態で蓋をして極弱火で20分煮る。
4. 火を止め、蓋をしたまま鍋が冷めるまで放置（余熱調理）する。
5. 保存袋に入れて冷蔵庫で一晩置く ⓒ。2～3日置くとよりおいしくいただける。

☞ 急激に温度を変えず、空気にさらさず、あまり触らないことでふっくらとした、しわのない黒豆煮になる。

☞ 冷蔵庫で4～5日保存可能。冷凍の場合は、保存袋に煮汁ごと入れて1ヶ月ほど保存可能。解凍は冷蔵庫で。

☞ 1の工程を前の晩に行って朝煮るか、朝行って午後煮るのがおすすめ。

staub recipe 25 あんこ

ストウブの余熱を利用した、
簡単なあんこの炊き方です。
最後に煮詰める時間を省いているので、
しっかり煮汁を切るのがポイントです。

[材料：作りやすい分量]
小豆……………………………………250g
きび砂糖………………………………180g
塩………………………………………ひとつまみ

1. 鍋に小豆と3倍の水を入れ、蓋をしないで中火にかける❶。
2. 沸騰したら蓋をして弱火で30分炊く。水が少なくなっていたら、小豆が隠れるくらいまで水を足す。中火で沸騰させ、火を止めて蓋をして約45分放置（余熱調理）する。
3. 皮が破れ、やわらかくなったら❷ざるでしっかり煮汁を切る。
4. 小豆を鍋に戻して中火にかけ、砂糖の1/3量を入れて混ぜる。溶けたら残りの砂糖を2回に分けて加える❸。塩を入れて混ぜる。鍋底を木べらでこすった時に、すっと鍋底が見えるくらいになればよい❹。

☞ 煮上がりは市販のあんこよりゆるいが、冷めるとかたくなる。
☞ 砂糖は小豆がやわらかくなってから入れる。
　 かたい時に入れるとその後いくら炊いてもやわらかくならない。
☞ 保存は、小分けにしてラップで包み、冷凍用保存袋に入れる。
　 1ヶ月冷凍保存可能。

肉と魚の料理

[鶏肉]

鍋に入れてコトコト煮込むだけ。鶏のもも肉やむね肉が、ストウブの魔法でとびきりおいしく生まれ変わります。旬の野菜と一緒に煮込んでください。

staub recipe 26 鶏肉の無水煮込み

「調味料は何を使っているの？」と聞かれた時に、「塩だけです」と言うのがうれしくなる一品。ほろほろとやわらかくなった鶏肉と野菜のおいしさに、自然と笑顔がこぼれます。

1　玉ねぎは皮をむいて4〜6等分のくし形に切る。しめじはほぐす。鶏もも肉は両面にしっかり塩①をふる。鶏肉に下味を付けることで味がぼやけずに仕上がる。

2　鍋にオリーブ油を中火で熱し、玉ねぎを入れる。両側面を焼き付け、皮の付いていた外側を下にする。こうすると鍋との接点が少なくなり、焦げにくい。

[材料：4人分]

鶏もも肉……2枚	塩①……小さじ1・1/2	
玉ねぎ……大1個	塩②……少々	
しめじ……1パック（約100g）	塩、こしょう……各少々	
オリーブ油……大さじ1		

3 鶏肉をのせ、その上にしめじをのせる（好みの野菜をここで一緒に入れてもよい）。塩②をふって蓋をする。

4 蓋の隙間から蒸気が出たら、極弱火にして40分～1時間加熱する。煮汁が黄金色になっていれば火を止め、蓋をしたまま鍋が冷めるまで放置（余熱調理）する。食べる前に温め、塩、こしょうで味を調える。

☞ 火を止めた後も余熱調理が続くので、放置時間も見越して調理を始めるとよい。朝煮込んでそのまま放置、夜温めなおして食べるのがおすすめ。ただし、真夏はさけること。

☞ にんじんやじゃがいもを加える場合は、煮崩れしやすいので、肉の上にのせると崩れずきれいに仕上がる。

staub recipe 26 鶏肉の無水煮込み

☞ きのこと玉ねぎから水分が出て、水を入れていないのにスープのような煮汁がたっぷり。この煮汁も美味なのでぜひ具と一緒に味わって。入れる野菜や肉を変えれば、アイデア次第でアレンジレシピがどんどん増えていきます。

野菜をかえてアレンジ

材料が変わっても手順はほとんど同じ。好きな野菜を入れて作ってください。

staub recipe 27 なすとさつまいものスパイス煮込み

塩味に飽きたらスパイスを入れて、スープカレーに。

[4人分]

1. なす（小2本）とさつまいも（小2本）は皮をむき、乱切りにして水にさらす。玉ねぎ（大1個）は四つ割りにする。
2. 鍋にオリーブ油（大さじ1）を中火で熱し、玉ねぎを焼き付ける。両面にしっかりと塩（2枚で小さじ1・1/2ほど）をした鶏もも肉（2枚）を上にのせ、なすとさつまいもをのせる。お好みのスパイス（ターメリックやチリパウダーなど合わせて小さじ2）と塩（少々）をふり、蓋をする。
3. 蓋の隙間から蒸気が出たら、極弱火にして40分〜1時間加熱する。全体を混ぜ、蓋をして火を止め、鍋が冷めるまで放置（余熱調理）する。食べる前に温め、塩、こしょう（各少々）で味を調える。

☞ 色が黒くなることを気にしなければ、なすとさつまいもは皮をむかず、そのまま入れてもよい。

staub recipe 28 黒酢しょうが煮込み

黒酢の効果で肉がとてもやわらかくなります。

[4人分]

1. しょうが（10g）は皮をむきスライスする。玉ねぎ（大1個）は四つ割りにする。にんじん（1本）は乱切りにする。
2. 鍋にオリーブ油（大さじ1）を中火で熱し、玉ねぎを焼き付ける。両面にしっかりと塩（2枚で小さじ1・1/2ほど）をした鶏もも肉（2枚）をのせ、にんじん、ほぐしたしめじ（1パック・約100g）としょうがを上にのせ、全体に黒酢（50ml）を回しかけて塩（少々）をふって蓋をする。
3. 蓋の隙間から蒸気が出たら、極弱火にして40分加熱する。全体を混ぜ、蓋をして火を止め、鍋が冷めるまで放置（余熱調理）する。食べる前に温め、塩、こしょう（各少々）で味を調える。あればパクチーの葉を飾る。

staub recipe 29 トマトハーブ煮込み

たっぷり水の出るトマトは、無水煮込み初心者にも安心。

[4人分]

1. 玉ねぎ（大1個）は四つ割りにする。トマト（1個）は3cmの角切りにする。じゃがいも（小2個）はよく洗う。
2. 鍋にオリーブ油（大さじ1）を中火で熱し、玉ねぎを焼き付ける。両面にしっかりと塩（2枚で小さじ1・1/2ほど）をした鶏もも肉（2枚）をのせ、トマト、じゃがいも、お好みのハーブ（タイム、ローズマリーなど2枝）をのせ、塩（少々）をふって蓋をする。
3. 蓋の隙間から蒸気が出たら、極弱火にして40分〜1時間加熱する。全体を混ぜ、蓋をして火を止め、冷めるまで放置（余熱調理）する。食べる前に温め、塩、こしょう（各少々）で味を調える。

staub recipe **30**

staub recipe **31**

ロールチキンにしてアレンジ おもてなしに、少し手を加えた煮込みを。

にんじんとごぼうの照り焼きチキン

調味料だけで煮込んで、照り焼き風に仕上げました。お正月やお祝いの席にもぴったりです。

[材料：4人分]
鶏もも肉 …………………………… 2枚
金時にんじん ………… 1/2本（細い方）
ごぼう ………………… 1本（太めのもの）
しょうゆ ………………………… 大さじ2
みりん …………………………… 大さじ2
塩① ……………………………… 小さじ1/2

きのこハーブの洋風煮込み

にんにくとハーブを巻き込めば、香りのよいおしゃれな一皿に。巻き込む野菜を変えても。

[材料：4人分]
鶏もも肉 …………………………… 2枚
玉ねぎ ……………………………… 1個
にんにく …………………………… 1かけ
しめじ ……………………… 1パック（約100g）
ローズマリー ……………………… 1枝
塩① ……………………………… 小さじ1・1/2
塩② ………………………………… 少々
オリーブ油 ……………………… 大さじ1

1 肉全体に切り込みを入れて厚みを均一にする。塩①をふる。
2 ▶照り焼きチキン…金時にんじんとごぼうは鶏肉の幅に合わせて切り、四つ割りにする。2本ずつ交互に合わせて紅白の市松模様にして、1の上（手前側）にのせてくるくると巻く。楊枝3本を使い、1本は中心に、残りの2本は左右にしっかり止める❹（たこ糸で巻いてもよい）。2本作り、しょうゆとみりんを入れた鍋に入れ、蓋をして中火にかける。
▶洋風煮込み………玉ねぎはくし形に切り、にんにくは薄切りに切る。しめじはほぐす。ローズマリー、にんにく、しめじを1の上にのせて巻き、楊枝3本で止める❹。2本作る。鍋にオリーブ油を中火で熱し、肉を焼き付ける。周りに玉ねぎを入れ、塩②をして蓋をする。
3 蓋の隙間から蒸気が出たら、極弱火にして40分加熱する。火を止めて肉を裏返し、蓋をして鍋が冷めるまで放置（余熱調理）する。

☞ 肉は切る前に冷蔵庫で冷やすときれいに切れる。切った肉は煮汁に戻して温める。

肉をかえてアレンジ　　水分の出にくい野菜を使って照り煮にしました。

staub recipe 32　中華風スペアリブ

水分の出にくい野菜を選んで、照りよく煮たスペアリブ。
豚バラブロックや豚肩ロースでもおいしくできあがります。

[材料：4人分]
豚スペアリブ……………………500g
長ねぎ……………………………1本
れんこん…………………………1節
A
　しょうゆ……………………大さじ2
　みりん………………………大さじ2
　はちみつ……………………小さじ2
　酢……………………………小さじ2
ごま油…………………………小さじ2
白ごま……………………………少々

1　長ねぎは5cm長さ、れんこんは乱切りにする。Aは混ぜておく。
2　鍋にごま油を中火で熱し、スペアリブを両面焼き付ける。長ねぎとれんこんを入れて炒め、Aを入れて全体をひと混ぜし、蓋をする。
3　蓋の隙間から蒸気が出たら、極弱火にして40分加熱する。火を止め、蓋をしたまま鍋が冷めるまで放置（余熱調理）する。
4　冷めたら再度中火にかけ、蓋の隙間から蒸気が出たら、極弱火にして20分加熱する。蓋を開けて汁気がなくなるまで弱火で煮詰める。器に盛り、白ごまをふる。

☞ 肉の大きさによるが、さらにやわらかくしたい場合は「放置して冷ます→煮込む」を繰り返す。

煮汁をアレンジ

鶏肉の無水煮込み（p.48）の煮汁を使ったアレンジレシピです。

staub recipe 33　レンズ豆の煮込み

レンズ豆は水で戻す必要のない小さな豆。
煮汁をたっぷり吸います。
［1人分］
1. さっと洗ったレンズ豆（大さじ2）と鶏肉の無水煮込み（p.48）の煮汁（100ml）を鍋に入れ、中火にかける。沸騰したら極弱火にし、蓋をして20分加熱する。器に盛り、パルミジャーノチーズのすりおろし（少々）をかける。

staub recipe 34　オニオングラタンスープ

旨みたっぷりの煮汁で玉ねぎを煮込みました。
［1人分］
1. 玉ねぎ（1個）は繊維に直角に薄切りにする。
2. 鍋にオリーブ油（小さじ2）を入れて中火で熱し、玉ねぎを入れてよく炒める。しんなりして薄く色づいたら塩（少々）をふり、鶏肉の無水煮込み（p.48）の煮汁（100ml）を入れて蓋をする。
3. 蓋の隙間から蒸気が出たら、極弱火にして10分加熱する。塩、こしょう（各少々）で味を調える。器に盛り、チーズをのせてこんがりと焼いた薄切りのバゲットをのせる。

staub recipe 35　雑穀のリゾット風

煮汁に雑穀を入れるだけで、おいしいリゾット風に。
［1人分］
1. 洗った雑穀（大さじ2）、鶏肉の無水煮込み（p.48）の煮汁（100ml）、余った具（少々）を鍋に入れ、中火にかける。沸騰したら極弱火にし、蓋をして20分加熱する。器に盛り、針しょうがを飾る。

staub recipe **36** チキンのオイル煮

staub recipe **36**

チキンのオイル煮

パサつきがちな鶏むね肉を
オリーブ油でしっとりと煮ました。
アレンジしやすいので
常備しておくと便利です。

[材料：作りやすい分量]
鶏むね肉……………………………………2枚
オリーブ油……………………………… 50mℓ
塩……………………………………… 小さじ1

1. 鶏肉は縦3等分にして全面に塩をふる**ⓐ**。
2. 鍋にオリーブ油の半量を入れ、1を並べて残りのオリーブ油をかける**ⓑ**。蓋をして中火にかける。
3. 蓋の隙間から蒸気が出たら、極弱火にして肉を裏返す**ⓒ**。
4. 蓋をして中火で3分ほど加熱する。肉全体が白くなり、小さな泡が立っていたら**ⓓ**、火を止めて蓋をして、鍋が冷めるまで放置（余熱調理）する。冷めたらバットなどの容器に移し、ラップをして冷蔵保存する。

☞ 鶏むね肉は縦に切ると火が通りやすくなる。
2〜3日保存可能。

アレンジでもう一品

チキンフレークは、マヨネーズを入れていないのにツナマヨのような食感。洋風にも和風にも使えて重宝します。

staub recipe 37
チキンフレーク
ごはんにもパンにも合います。余ったらそぼろに。

1 フードプロセッサーに小さくちぎったチキンのオイル煮（3本）、煮汁（小さじ2）を入れて数回かけ、粗めに細かくする。当日中に使いきれない場合は鶏野菜そぼろにすると便利。

staub recipe 38
鶏野菜そぼろ
小分けにして冷凍保存すると便利。

1 鍋にしょうゆ（大さじ2）、みりん（大さじ2）、しょうがのみじん切り（1かけ分）、にんじんのみじん切り（1/8本分）、万能ねぎの小口切り（2本分）、チキンフレーク（チキンのオイル煮3本分）を入れ、煮汁がなくなるまで煮詰める。

☞ サンドイッチにはさんだり、梅干しやねぎと一緒に豆腐にのせて。

☞ ごはんに混ぜておにぎりに。卵焼きの中に入れてもおいしい。

staub recipe 39 レバーペースト

少しだけ入れたしょうゆが隠し味。生クリームを使わないので、あっさりとしています。
パンに塗って焼きりんご（p.106）を添えても。

[材料：作りやすい分量]
鶏レバー …………………… 200g
玉ねぎ ………………………… 1個
にんにく ……………………… 1かけ
オリーブ油 …………………… 大さじ1
赤ワイン ……… 大さじ1（料理酒でも可）
しょうゆ ……………………… 小さじ2

1. 鶏レバーは血合いと筋を取り除き ⓐ、キッチンペーパーで水気を取る。玉ねぎは繊維に直角に薄切りに、にんにくはみじん切りにする。
2. 鍋にオリーブ油を中火で熱し、玉ねぎをよく炒める。片側に寄せ、オリーブ油（小さじ1）を入れ、レバーを入れて炒める。表面の色が変わったら赤ワイン、にんにく、しょうゆを加えてひと混ぜし、蓋をして中火で5分加熱する。火を止め蓋を開けて粗熱を取る。
3. フードプロセッサーに入れ、なめらかになるまで回す。

staub recipe 40 砂肝ときのこのやわらか煮

砂肝が驚くほどやわらかく仕上がります。お酒のおつまみにぴったり。
銀皮は捨てずに一緒に煮込むとおいしく食べられます。

[材料：4人分]
- 砂肝……………………………300g
- マッシュルーム………………5個
- エリンギ………………………1パック
- しめじ……………2パック（約200g）
- にんにく………………………2かけ
- しょうゆ………………………大さじ2
- オリーブ油……………………50㎖
- ローズマリー…………………2枝
- 塩………………………………少々

1. 砂肝は銀皮（白い部分）を取る ⓐ。マッシュルームは半割りに、エリンギは半分の長さに切って薄切りに、にんにくは半割りにして芽を取る。しめじはほぐす。
2. 鍋に1、オリーブ油、しょうゆを入れ、蓋をして中火にかける。
3. 蓋の隙間から蒸気が出たら、極弱火にして40分加熱する。火を止め、蓋をしたまま鍋が冷めるまで放置（余熱調理）する。
4. 塩で味を調え、ローズマリーをのせて温める。

ゆで卵の作り方

（水を使っています！）

少量の水で蒸しゆでにするゆで卵。お湯を沸かす時間が省け、光熱費の節約になります。たくさん作って、おからポテトサラダ (p.23) に混ぜたり、中華風スペアリブ (p.53) に入れて一緒に煮込んでも。

[材料]
卵……………………5個

[卵の数の目安]
16cm……………………7個
18cm……………………10個
20cm……………………12個

卵5個はこの大きさ staub 14cm

手順

① 卵は鍋に入れて水を1cmほど張り、蓋をして中火にかける。
② 蒸気が出たら極弱火にして7分加熱する。火を止め蓋をしたまま7分置く。
③ 水を入れて冷やす。
④ 卵を鍋に押し付けて転がし、ひびを入れて冷やすと殻がつるっとむける。

肉と魚の料理

[豚肉]

肉じゃが、ポークハム、肉だんご、ローストなど、おもてなしからおつまみまで。
使う部位、切り方、味付けによって豚肉料理の幅はぐんと広がります。

staub recipe 41 無水肉じゃが

staub recipe 41 無水肉じゃが

だしや水を入れないで作る肉じゃが。
ストウブで作ると普通の肉じゃがよりも調味料が少なくてすみます。

[材料：4人分]
- じゃがいも……………………3個
- 玉ねぎ…………………………1個
- にんじん………………………1本
- 豚薄切り肉……………………200g
- 茹でスナップえんどう………3本
- しょうゆ………………………大さじ2
- みりん…………………………大さじ2
- オリーブ油……………………大さじ1

1. じゃがいもは皮をむいてひと口大に、玉ねぎは8等分のくし形に切る。にんじんは乱切りにする。豚肉は長ければ3cmほどに切る。じゃがいもは水にさらす。
2. 鍋にオリーブ油を中火で熱し、玉ねぎとにんじんをよく炒める。しんなりしたらじゃがいも、豚肉を入れてさっと炒め❶、しょうゆとみりんを加えてひと混ぜして蓋をする。
3. 蓋の隙間から蒸気が出たら、極弱火にして20分加熱する。水分が出ていればひと混ぜして❷火を止め、蓋をして鍋が冷めるまで放置（余熱調理）する。食べる直前に温め、器に盛り、スナップエンドウを飾る。

 肉をかえてアレンジ

staub recipe 42

柚子塩鶏肉じゃが

鶏肉を塩味で
さっぱりと仕上げました。
仕上げに柚子をのせて。

[材料]
＊無水肉じゃがのレシピを参照
豚薄切り肉(200g)を鶏もも肉1枚(約250g)に、しょうゆとみりんを塩(小さじ1/2)にかえる。

1 無水肉じゃがと同様に進める。仕上げに柚子皮の千切り(1個分)をのせ、あれば木の芽を飾る。

staub recipe 43

イタリアン肉じゃが

いつもの肉じゃがに飽きたら
新鮮な味わいのトマト味に。

[材料]
＊無水肉じゃがのレシピを参照
豚薄切り肉(200g)を牛薄切り肉(200g)にかえ、2cm角に切ったトマト(1個分)、にんにくスライス(1かけ分)、バジルの葉(約3枚)を追加する。

1 無水肉じゃがと同様に進める。にんにくと玉ねぎを一緒に炒め、にんじんを加え、その後は無水肉じゃがと同様に進める。しょうゆとみりんを加えてひと混ぜし、トマトを加えて蓋をする。器に盛り、スナップえんどうのかわりにバジルの葉をちらす。

staub recipe 45
無添加しょうゆラーメン

staub recipe 44
自家製ポークハム

staub recipe 46
エスニック春雨だんご

自家製ラー油

staub recipe 44
自家製ポークハム

火を通しすぎるとパサパサしてしまう豚もも肉が、
ジューシーに仕上がります。
焼き汁を使ったラーメンもおすすめ。

[材料：2〜3人分]
豚もも肉……………………………… 1本（300〜400g）
塩……………………………… 肉の重量の約1.2%
きび砂糖…… 肉の重量の約1.2%（400gの肉なら約5g）
オリーブ油……………………………… 大さじ1

1. 豚肉は塩と砂糖をふってラップで包み、保存袋に入れ、冷蔵庫で一晩置く❹。
2. 1をさっと洗い、キッチンペーパーで水気を取る。
3. 鍋にオリーブ油を中火で熱し、2の表面を焼き付け、蓋をする。
4. 蓋の隙間から蒸気が出たら、極弱火にして25分加熱する。火を止め、蓋をしたまま鍋が冷めるまで放置（余熱調理）する。冷めたら❺保存袋に焼き汁ごと入れて冷蔵庫で冷やす。

☞ 1で冷蔵庫で一晩寝かせた後、ラップで包んで保存袋に入れて冷蔵庫で3〜4日保存可能。
☞ 冷蔵保存で2〜3日中に食べきる。
☞ 極薄切りにしてマスタードを添えれば、ローストポークとして楽しめる。サンドイッチの具にするのもおすすめ。

煮汁をアレンジ

staub recipe 45
無添加しょうゆラーメン

ハムから出た濃い焼き汁に昆布のだしを加えたあっさり味。

1. スープを作る。残ったポークハムの焼き汁全量に水（300㎖）、酒（小さじ2）、昆布（5㎝角）、ねぎの青い部分（1本分）を入れて10分ほど煮立たせる。しょうゆ（大さじ1）と塩（少々）で味を調える。
2. 茹でた中華麺を入れた器に1のスープを注ぎ、スライスしたポークハム、ねぎなどをのせていただく。

staub recipe **46**

エスニック春雨だんご

ふわふわの肉だんごは、無水で蒸し煮にすると煮崩れもなく安心。煮汁を吸った春雨はごはんにかけてあんかけ丼にしても。

staub 20cm

[材料：4人分]
豚ひき肉‥‥‥‥‥‥‥‥‥‥‥200g
絹ごし豆腐‥‥‥‥‥‥‥‥‥‥70g
セロリ‥‥‥‥‥‥‥‥‥‥‥‥1本
トマト‥‥‥‥‥‥‥‥‥‥‥‥1個
塩‥‥‥‥‥‥‥‥‥‥‥‥小さじ1/2
片栗粉‥‥‥‥‥‥‥‥‥‥‥大さじ1
オリーブ油‥‥‥‥‥‥‥‥‥大さじ1
ナンプラー‥‥‥‥‥‥‥‥‥大さじ1
春雨‥‥‥‥‥‥‥‥‥‥‥‥25g

1. セロリの葉はみじん切りに、茎の部分は斜め薄切りに、トマトは2cm角に切る。
2. ボウルにひき肉、塩を入れて粘りが出るまでよく混ぜる。豆腐、片栗粉、セロリの葉を加えて混ぜ、4等分にして空気を抜くように縦長に丸める❹。
3. 鍋にオリーブ油を中火で熱し、セロリの茎を軽く炒める。トマトとナンプラーを加え、2を上に並べる❺。水にくぐらせた春雨をのせ❻、蓋をする。
4. 蓋の隙間から蒸気が出たら、極弱火にして8分加熱する。春雨を沈ませるように全体を混ぜ、火を止めて蓋をして10分ほど放置（余熱調理）する。塩（少々）で味を調える。

☞ ナンプラーはしょうゆでも代用可。お好みでパクチーをのせても。

おいしいひと手間

自家製ラー油

唐辛子がきいたラー油を肉だんごにお好みでかけて。

1. みじん切りにしたにんにく、しょうが（各30g）、小口切りにした赤唐辛子（4本分）、菜種油（大さじ4）、塩（小さじ1）を小鍋に入れて5分ほど煮立たせる。

staub recipe **47** りんごと塩豚のロースト

水分を出さずに仕上げるローストは野菜を少なめに。ストウブを小さなオーブンのように使えば、肉にしっかりと焼き目がつきます。

staub 20cm

[材料:4人分]
豚肩ロース ……………… 400〜500g
玉ねぎ …………………… 1/2個
じゃがいも ……………… 小5個
皮付きにんにく ………… 4かけ
りんご（紅玉） ………… 1個
ローズマリー …………… 1枝
タイム …………………… 1枝
オリーブ油 ……………… 大さじ1
塩、砂糖 ………… 各肉の重量の1.2%
（400gの肉なら各約5g）

1. 豚肉は塩と砂糖をふってラップで包み、保存袋に入れ、冷蔵庫で2〜3日置く ⓐ（一晩でもよい）。
2. じゃがいもはよく洗う。玉ねぎは4〜6等分のくし形に、りんごは6等分のくし形に切る。1の肉をさっと洗い、キッチンペーパーで水気を取る。オーブンを180℃に温める。
3. 鍋にオリーブ油を中火で熱し、2の豚肉を脂の面を下にして置く。周りに玉ねぎ、じゃがいも、にんにく、りんご、ローズマリー、タイムを入れ ⓑ、蓋をする。
4. 蓋の隙間から蒸気が出たら、極弱火にして5分加熱する。
5. 蓋をしたままオーブンに入れ、40分たったら電源をオフにして、鍋が冷めるまで放置（余熱調理）する。

☞ 一緒にローストした皮付きにんにくはねっとりしたピュレ状に。肉につけて食べると美味。

staub recipe 48 リエット

塩豚のローストが赤ワインにぴったりのおつまみに変身。バゲットにつけて食べるのがおすすめ。

1. 塩豚のロースト（100g）、煮汁（大さじ1）、あればケッパー（小さじ1）をフードプロセッサーに入れ、よく回す。器に盛りセージの葉を飾る。

STAUBでオーブン調理

オーブンの余熱とストウブ自体の余熱を使った余熱のダブル使いで、肉がしっとりやわらかく仕上がります。加熱時間が減り光熱費の削減にも。やわらかく仕上げたいビーフシチューやおでんの調理にも適しています。

staub recipe 49 とろとろもつ煮

もつは一度茹でこぼすと臭みが抜けて食べやすくなります。
煮込み料理が無水調理で作れるのもストウブならでは。

[材料:4人分]

茹で豚もつ	300g
酒①	大さじ2
白菜	1/8個
大根	1/4本
にんじん	1/2本
ごぼう	1/2本
酒②	大さじ2
みりん	大さじ2
味噌	大さじ2
長ねぎ	1/2本
塩①	小さじ1/4
塩②	小さじ1/4

1. 鍋にもつ、酒①、かぶるくらいの水を入れて中火にかける。沸騰したら蓋をして、弱火にして20分加熱する。蓋をしたまま鍋が冷めるまで放置（余熱調理）する。ざるで水気を切る。
2. 白菜は2cmの角切りに、大根、にんじんはいちょう切りに、ごぼうは2cm長さに切る。
3. 鍋に白菜を入れて塩①をふる。1のもつ、大根、にんじん、ごぼうを入れて塩②をふり、酒②とみりんを回しかけ、中火にして蓋をする。
4. 蓋の隙間から蒸気が出たら、極弱火にして1時間加熱する。蓋をしたまま鍋が冷めるまで放置（余熱調理）する。
5. 温め直して味噌を溶き入れ、蓋をせずに15分煮る。器に盛り、小口切りにした長ねぎをのせる。

白米の炊き方

[材料：3合分]
米 ……………… 3合
水 ……………… 540ml

炊飯も得意なストウブ。決められた合数を守ればツヤツヤのごはんが炊き上がります。ふっくら、つやつやに仕上がってとてもおいしい。炊飯器が要らなくなるかも…？

ストウブの大きさと米の量の目安
16cm ……………… 1合
18cm ……………… 1合〜2合
20cm ……………… 2合〜3合
22cm ……………… 3合〜4合
24cm ……………… 4合〜5合

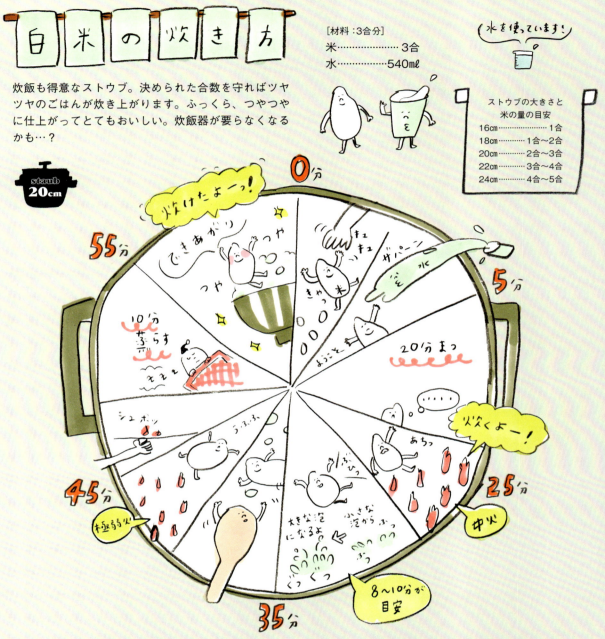

1. 研いだ米と水を鍋に入れて20分ほど浸水させる。
   - 白米の場合、急いでいる時は浸水なしでもOK。
   - 炊き込みごはんなど調味料を最初から入れる場合は、必ず浸水させ、3でひと混ぜした後に米の上に具をのせて炊く。

2. 中火（鍋から火がはみ出さない程度）にかける。
   - 蓋はしない。

3. 中心部まで沸騰したらしゃもじで全体を混ぜ、蓋をして極弱火で10分加熱する。

4. 火を止め、蓋をしたまま10分蒸らす。

- 水の量は1合につき180mlです。
- 直径22cm以上のストウブを使う場合は、炊く時間を13分増やすとうまく炊けます。
- おいしく炊くために、米と水は推奨量を守りましょう。
- ごはん炊きのストウブ「La cocotte de GOHAN」もおすすめです。S…1合、M…2合〜2合半

肉と魚の料理

[牛肉]

短時間の蒸し調理も、長時間の煮込み調理も得意なストウブ。
バリエーション豊かでおもてなしにもぴったりの牛肉料理を紹介します。

staub recipe 50 トマトすき焼き

トマトを入れてさっぱりと。驚くほどたっぷり水分が出るので、
おいしい煮汁にうどんを入れて卵でとじれば最高の〆になります。

[材料：4人分]
すき焼き用牛肉	300g
白菜	1/4個
長ねぎ	1本
春菊	少々
えのき	1パック(200g)
しいたけ	4枚
トマト	小2個
にんにく	1かけ
焼き豆腐	1丁
しょうゆ	大さじ3
みりん	大さじ3
オリーブ油	大さじ1
塩	小さじ1/4

1. 白菜はざく切りに、長ねぎは斜め切りに、トマトは芯を取り4等分の輪切りに、にんにくは薄切りに、春菊は3等分の長さに切る。えのきはほぐし、しいたけは軸を落として十字に飾り包丁を入れる。牛肉は食べやすい大きさに切る。焼き豆腐は8等分に切る。

2. 鍋にオリーブ油、にんにくを入れて弱火で熱する。白菜、長ねぎ、えのき、しいたけ、トマト、牛肉の半量を鍋に入れ、全体に塩をふる。しょうゆとみりんを回しかけ❶、中火にして蓋をする。

3. 蓋の隙間から蒸気が出たら、極弱火にして3分加熱する。残りの牛肉、焼き豆腐を入れて❷蓋をする。蓋の隙間から蒸気が出たら火を止める。牛肉に火が通ったら食べ頃。食べる直前に春菊をのせる。

☞ ストウブの浅型のブレイザーは食卓で取り分けやすく、すき焼き鍋にもぴったり。土鍋代わりにも使える。浅い分、蒸気の回りが早いので、短時間で調理したい薄切り肉や魚を調理する際におすすめ。

staub recipe 51 ローストビーフ

火通しの加減が難しい料理ですが、ストウブの無水調理なら放置時間を守れば上手に作れます。塩でしっかりと下味をつけるのがポイント。残った焼き汁はソースに使います。

[材料：4人分]
牛もも肉（ブロック）……………………500g
塩……………………………肉の重量の1.2%
しょうゆ……………………………小さじ2
玉ねぎ………………………………1/2個
オリーブ油…………………………大さじ1
こしょう……………………………少々

1. 牛肉は1時間ほど室温におき、たこ糸で巻いて形を整える**ⓐ**。全面に塩をふる。
2. 鍋にオリーブ油を中火で熱し、牛肉を入れて全面を焼き付ける**ⓑ**。蓋をして弱火にし、5分加熱する。火を止めて裏返し、蓋をして弱火で5分加熱する。
3. 2を取り出してアルミホイルで二重に包み、そのまま冷めるまで放置（余熱調理）する**ⓒ**。
4. 鍋に残った肉汁にしょうゆ、すりおろした玉ねぎを入れ、中火で温めてソースを作る**ⓓ**。
5. 3を切り分けて器に盛り、4をかけ、仕上げにこしょうをふる。

☞ 冷めたらアルミホイルのまま保存袋に入れ、冷蔵庫で冷やしてから切るときれいに薄く切れる。
☞ 冷蔵庫で2日ほど保存可能。

アレンジでもう一品

staub recipe 52 ローストビーフのサラダ

肉のピンク色と野菜の緑色が食卓を彩ります。パーティーにぴったり。

1 ローストビーフは極薄切りにして器に盛る。洗って水気をきったサラダ野菜をのせ、ソースをかける。黒こしょうや粗塩などをふってもよい。

staub recipe 53 ビーフシチュー

オムレツのソースにしてもおいしいシチュー。
残ったルーは冷凍保存もできます。
牛バラ肉や、牛タンで作るのもおすすめ。

[材料：4人分]
牛すね肉　400g
玉ねぎ　1個
にんじん　1本
セロリ　1/2本
赤ワイン　300㎖
トマトピューレ　200g
有塩バター　30g
オリーブ油　大さじ1
塩　小さじ2
飾り野菜　お好みで
（茹でブロッコリー、蒸したじゃがいもなど）

1. 野菜は1cm角に切り、牛肉と赤ワインと共に保存袋に入れ冷蔵庫で一晩置くⓐ。
2. 1をざるにあけ汁気をよく切るⓑ。つけ汁はとっておく。牛肉を取り出し、キッチンペーパーで水気を取る。
3. 鍋にオリーブ油を中火で熱し、薄く煙が出てきたら牛肉を入れ、表面を焼き付けて取り出すⓒ。
4. 3の鍋に2の野菜を入れ、玉ねぎが透き通るまでよく炒めるⓓ。3を戻し、2のつけ汁とトマトピューレを入れⓔ、沸騰したら蓋をして極弱火で1時間煮込む。
5. 火を止め、蓋をしたまま鍋が冷めるまで放置（余熱調理）する。牛肉を取り出し、残りをブレンダーで撹拌するⓕ。
6. 牛肉を戻し、再度中火にかける。バターと塩を入れて混ぜる。飾り野菜を加える。

☞ オーブン調理（p.69）もおすすめ。
☞ 残ったルーは冷凍庫で2〜3週間保存可能。

揚げ物

staub recipe 54 鶏の唐揚げ

蓋をして揚げることで、スチームの効果により鶏むね肉もジューシーに仕上がります。
中までしっかり火を通したい時や、ふっくら仕上げたい肉や魚の揚げ物におすすめです。

[揚げるまでの準備]

1. ・鶏肉は8等分に切り、包丁の柄で軽くたたく。ボウルに入れ、しょうゆ、酒、しょうが、塩を加えてもみ、片栗粉を付ける。
   ・鍋にオリーブ油を入れ中火にかける。分量は直径14cmの鍋なら200mlほど。170〜180℃（薄く煙が出て粉を落としてすぐ上がってくる程度）に温めておく。

2. 鶏肉を入れ、すぐに蓋をする。バチバチと音がするまで約3分加熱する。途中、蓋の隙間から蒸気が出てきたら火を弱める。

☞ 油は鍋の1/3程度入れる。少なすぎると食材が底につき、多いと食材を入れて蓋をした時に油が溢れてくる。

☞ 鍋に入れる肉の量は、肉同士がくっつかない程度を目安に。

厚みのあるストウブは、食材を入れても油の温度が下がらず、カリッと仕上がります。
深さがあるので油の飛びはねが少なく、キッチンが汚れにくいのです。
小さなストウブを使えば油が少なくてすみ、毎回新しい油で揚げ物ができます。

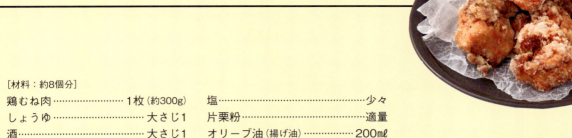

[材料：約8個分]
鶏むね肉……………… 1枚（約300g）
しょうゆ……………… 大さじ1
酒……………………… 大さじ1
しょうが（すりおろし）……… 1かけ分
塩……………………… 少々
片栗粉………………… 適量
オリーブ油（揚げ油）……… 200㎖

3 音が静かになったら裏返す。蓋の裏についた水滴が鍋に落ちてはねないよう、スライドさせるようにさっと蓋を取る。中火にして鶏肉を裏返し、蓋を開けたまま3分ほど揚げる。

4 表面がかりっとして、きつね色になったら取り出して油を切る。

☞ 油が少ない時は途中で足す。何度も揚げていると油の量が少なくなり、油が高温になり煙がたくさん出ることがあるので注意。
☞ 蓋は濡れ布巾の上に置くとよい。

☞ 古い油を何度も使うと、泡が出てふきこぼれることがある。毎回新しい油で揚げるとおいしく仕上がる。

ストウブで無水調理　　第2章　肉と魚の料理　　揚げ物

staub recipe 56
さつまいもシナモンシュガー

フライドポテトと同じ手順でもう一品。
いもの種類を替え、仕上げに砂糖をふれば
手作りおやつのできあがり。

[材料:2人分]
さつまいも……………………………1本（約200g）
オリーブ油（揚げ油）………………………200㎖
シナモンパウダー………………………小さじ1/2
きび砂糖…………………………………小さじ1

1. さつまいもは1cm角、5cm長さの棒状に切り、水にさらす。キッチンペーパーでよく水気を取る。
2. 鍋に油を入れ、さつまいもを1本ずつ入れる。蓋をして中火にかけ、そのまま10分ほど加熱する。蓋の隙間から蒸気が出てきたら弱火にする。
3. 蓋をさっと開け、中火に戻す。上下を入れ替え、全体がカリッとしてきつね色になるまで揚げる。取り出して油を切り、熱いうちにシナモンときび砂糖をふる。

staub recipe 55
フライドポテト

冷たい油にいもを入れて揚げるので、
油を温めるついでに一品完成します。
放っておくだけなのでとても簡単です。

[材料:2人分]
じゃがいも………………………………………3個
オリーブ油（揚げ油）………………………200㎖
塩……………………………………………………少々

1. じゃがいもはよく洗い、くし形に切る。
2. 鍋に油を入れ、水気をよく取ったじゃがいもを1本ずつ入れる。蓋をして中火にかけ、そのまま10分ほど加熱する。蓋の隙間から蒸気が出てきたら弱火にする。
3. 蓋をさっと開け、中火にする。上下を入れ替え、全体がカリッとしてきつね色になるまで揚げる。取り出して油を切り、熱いうちに塩をふる。

☞ 常温の油から揚げると、いもはとても甘くなる。熱い油でも同様に揚げられる。

staub recipe **57**

野菜のかき揚げ

分厚いかき揚げを家で作りたいと考えたレシピです。
驚くほど厚みが出ます。春菊やパクチーだけで作るかき揚げもおすすめ。
おいしい塩を添えてどうぞ。

[材料：4枚分]
- さつまいも……………… 1本（約200g）
- 玉ねぎ…………………… 1個（約200g）
- 桜えび…………………………………… 10g
- 卵………………………………………… 1個
- 酢…………………………………… 小さじ2
- 冷水……………………………………150㎖
- 薄力粉…………………………………150g
- ベーキングパウダー………… 小さじ1
- オリーブ油（揚げ油）……………200㎖

1. さつまいもは太めの棒状に、玉ねぎは薄切りにする。桜えびと一緒にバットに入れ、薄力粉（大さじ2）をまぶす 。鍋に油を入れて中火にかけ、薄く煙が出る程度に温めておく。
2. ボウルに卵、酢、冷水を入れてよく混ぜ、薄力粉、ベーキングパウダーを入れて軽く混ぜる（だまになっていてもよい）。1を入れてざっと混ぜる 。
3. 1の油に2の1/4量を入れる。箸で中央に穴を開け 、すぐに蓋をして5分加熱する。蓋の隙間から蒸気が出てきたら弱火にする。
4. 蓋をさっと開け、中火にする。中央の穴に箸を差し込み、持ち上げられる状態になるまで加熱し、裏返す 。
5. 蓋を開けたままさらに3分ほど揚げ、外側がかりっとして全体がきつね色になったら、取り出して油を切る 。

☞ 4で持ち上げられず、崩れるようなら、蓋を開けたまま、さらに中火で加熱する。

肉と魚の料理

［魚介］

難しそうに感じる魚介料理も、ストウブなら不思議と簡単に作れます。
魚の調理は、熱いところに入れてさっと火を通せば生臭くなりません。

staub recipe 58　ノンアクアパッツァ

本来は水や白ワインを入れますが、ストウブなら無水でOK。
魚の旨みが凝縮した煮汁にパスタやごはんを絡めて〆の一品に。

[材料:4人分]

魚切り身	4切れ
（鯛、すずき、ぶり、たらなどお好みの切り身魚で）	
あさり	1パック（約300g）
トマト	1個
セロリ	1本
にんにく	1かけ
ケッパー	大さじ1
種抜き黒オリーブ	8個
オリーブ油	大さじ1
エキストラバージンオリーブ油	大さじ1
塩	小さじ1
イタリアンパセリ	少々

1. トマトは3cm角に、セロリは薄切りに、にんにくはみじん切りにする。あさりは塩水で砂抜きをする。魚に塩をふる。
2. 鍋にオリーブ油、にんにくを入れ、弱火にかける。香りが出たらあさりを入れて中火にし、セロリを入れて軽く混ぜる ⓐ 。魚をのせ、トマト、ケッパー、オリーブを周りにちらしてすぐに蓋をする。
3. 蓋の隙間から蒸気が出たら、極弱火にして3分加熱する。十分に水が出たら ⓑ エキストラバージンオリーブ油をかける。器に盛り、イタリアンパセリを飾る。

☞ あさりの砂は50℃のお湯に30分程浸けておくと早く抜ける。

☞ 魚を丸ごと1匹使う場合は、腹部分に十字に切り込みを入れ、両面にしっかりと塩をふる。蒸し時間は10分ほど（大きさによる）。

煮汁をアレンジ

staub recipe 59

残った汁に入れるだけ。
最高の〆が簡単にできあがります。

1. 残った煮汁に茹でたスパゲッティーや冷やごはんを入れ、塩、こしょうで味を調える。イタリアンパセリを飾る。

staub recipe 60 いかとかつおのアヒージョ

定番のおもてなし料理がストウブなら簡単に作れます。
えびやほたて貝、鶏肉でもおいしくできるのでぜひおためしを。

[材料：4人分]
- いか……………………………1杯
- かつお…………………………1さく
- にんにく………………………2かけ
- 赤唐辛子………………………2本
- ローズマリー…………………2枝
- マッシュルーム………………2パック
- オリーブ油……………………100mℓ
- 塩………………………………小さじ1

1. いかはさばいて2cm角に、かつおも2cm角に切る。マッシュルームは四つ割りに、にんにくは半割りにする。赤唐辛子は種を取っておく。
2. 鍋にオリーブ油、ローズマリー、にんにく、赤唐辛子を入れて弱火にかける。香りが出てきたら中火にして、いか、かつお、マッシュルームを入れ、塩をふって蓋をする。
3. 蓋の隙間から蒸気が出たら火を止め、ひと混ぜして蓋をして5分ほど放置(余熱調理)する。塩(少々)で味を調える。

☞ いかとかつおは、火を入れすぎるとかたくなるので余熱で火を通す。
☞ 茹でブロッコリーやハーブをのせると彩りがよくなる。

staub
recipe **61**

えびのビスク

staub
recipe **62**

鮭ときのこの
豆乳チャウダー

staub recipe 61 えびのビスク

えびの旨みが詰まったおもてなしスープ。
牛乳の量を減らして仕上げれば、パスタソースにもなります。渡り蟹で作ってもおいしい。

[材料：4人分]
- 有頭えび……………………4尾
- 玉ねぎ………………………小2個
- セロリ………………………1本
- にんにく……………………1かけ
- パプリカパウダー…………小さじ1/2
- トマトペースト……………大さじ1 (18g)
- オリーブ油…………………大さじ1
- 牛乳…………………………300ml
- 動物性生クリーム…………200ml
- 塩……………………………小さじ1/2

☞ パプリカパウダーがない場合は、チリパウダーやターメリックで代用してもよい。

1. えびは洗いキッチンペーパーで水気を取る。玉ねぎ、セロリ、にんにくは薄切りにする。
2. 鍋にオリーブ油を入れて中火で熱し、えびを入れて両面をしっかりと焼き付けて取り出す ⓐ。その鍋に玉ねぎ、セロリ、にんにくを入れて軽く炒め、パプリカパウダーをふり、トマトペーストを加える。えびを戻して全体に塩をふり、ひと混ぜして蓋をする。
3. 蓋の隙間から蒸気が出たら、極弱火にして10分加熱する。ブレンダーに煮汁 ⓑ、牛乳、生クリーム、取り出したえびの身を入れ ⓒ 撹拌する。鍋に戻して温め、塩（少々）で味を調える。器に盛り、パプリカパウダー（少々）をふる。

鮭ときのこの豆乳チャウダー

鮭とあさり、野菜の旨みがたっぷりのクラムチャウダー。
豆乳を使うのでとてもヘルシー。

[材料：4人分]
- 玉ねぎ……………………………1個
- にんじん…………………………1本
- しめじ……………1パック（約100g）
- あさり…………………………300g
- 鮭………………………………2切れ
- 成分無調整豆乳………………400ml
- バター……………………………50g
- 薄力粉（または米粉）…………大さじ2
- オリーブ油………………………大さじ1
- 塩………………………………小さじ1/4
- 塩、こしょう……………………各少々

1. 玉ねぎ、にんじんは1cm角に、鮭は2cm角に切る。しめじはほぐす。あさりは塩水に浸けて砂抜きをする。
2. 鍋にオリーブ油を中火で熱し、玉ねぎとにんじんを炒める。しめじを入れ、塩をふり蓋をする。
3. 蓋の隙間から蒸気が出たら、あさりと鮭を入れてひと混ぜし、蓋を閉める。
4. 再度蓋の隙間から蒸気が出たら、極弱火にして5分加熱する。
5. バターはレンジで溶かし、薄力粉と混ぜる。
6. ④に豆乳を加え、中火にする。湯気が出たら⑤を入れ ⓐ、とろみがつくまで温める。塩、こしょうで味を調える。

☞ 豆乳は沸騰させると分離するので湯気が出る程度に温める。

staub recipe 63 ぶりの煮付け

魚は煮すぎるとかたくなるのでストウブでさっと蒸し煮に。
ブレイザーは浅型で蒸気の回りが早いので、魚料理にぴったりです。

[材料：4人分]
- ぶり（切り身）……………… 4切れ
- しょうゆ…………………… 大さじ2
- みりん……………………… 大さじ2
- 酒…………………………… 大さじ2
- しょうが…………………… 1かけ
- 針しょうが、白髪ねぎ……… 各適量

1. しょうがは薄切りにする。
2. 鍋にしょうゆ、みりん、酒、しょうがを入れて中火で煮立たせ、ぶりを入れて蓋をする。
3. 蓋の隙間から蒸気が出たら、ぶりを裏返して蓋を開けたまま1分加熱する。
4. ぶりを皿に盛り、煮汁は中火で煮詰めてぶりにかける。針しょうがと白髪ねぎを飾る。

☞ 24cmココットで作る場合は、②で蒸気が出るのを待たず、中火で5分ほど加熱する。蓋を開けて裏返し、そこからは一緒。20cmを使う場合は切り身2切れが適量。

staub recipe 64 鮭の甘酢照り焼き

鮭を先に焼いて一旦取り出し、野菜を炒めてから戻します。
鮭にまぶした小麦粉でとろみがつき、ボリュームもアップ。

staub 20cm

[材料：4人分]
- 生鮭（切り身）……………………4切れ
- 玉ねぎ………………………………1個
- ピーマン……………………………2個
- A
  - みりん……………………………大さじ2
  - ケチャップ………………………大さじ1
  - 酢…………………………………小さじ2
  - きび砂糖…………………………小さじ2
- オリーブ油…………………………大さじ2
- 薄力粉………………………………大さじ1
- 塩……………………………………小さじ1

1. 鮭は骨を取り、2等分にして塩をふり、薄力粉をまぶす。玉ねぎ、ピーマンは薄切りにする。Aを合わせておく。
2. 鍋にオリーブ油を中火で熱し、薄く煙が出たら1の鮭を入れて両面をさっと焼き付ける。一旦取り出す。
3. 2の鍋に玉ねぎとピーマンを入れてさっと炒める。2を戻し、合わせておいたAを入れ、ひと混ぜして蓋をする。
4. 蓋の隙間から蒸気が出たら、極弱火にして3分加熱する。塩（少々）で味を調える。

staub recipe 65 いわしのやわらか黒酢煮

黒酢としょうゆで煮ると骨までやわらかくなります。
ブレイザーがない場合は24cmのココットでもできます。

[材料：4人分]
いわし……………………………6尾
黒酢………………………………50㎖
みりん……………………………大さじ2
酒…………………………………大さじ2
しょうゆ…………………………大さじ2

1. いわしはうろこを取り、頭、ヒレ、尾を切り落とし、腹を開いて内臓を洗い流す。半分の長さに切る ⓐ。
2. 鍋に黒酢、みりん、酒を入れて中火にかける。煮立ったら1を入れて ⓑ 蓋をする。
3. 蓋の隙間から蒸気が出たら、極弱火にして30分加熱する。裏返して火を止め、蓋をして30分ほど放置（余熱調理）する。
4. 中火にかけて3をもう一繰り返す。
5. しょうゆを入れ、蓋を開けたまま弱火で煮詰める。器に盛り、あれば穂じそを飾る。

STAUBで煮込み料理

骨ごと食べたいいわしやさんま、やわらかく仕上げたい牛すじ、牛すね、豚バラ、スペアリブは、放置（余熱調理）した後で再び煮込み、再度放置（余熱調理）を繰り返すことでさらにやわらかくなります。煮込み続けないので光熱費の削減にも。

カレー

staub recipe 66 無水スパイスチキンカレー

材料は野菜、鶏肉、スパイス、塩、豆乳、油のみ。
コクがあるけれどしつこくない、無水の力を感じるカレーです。

[材料：4〜6人分]

鶏もも肉……………………2枚	ミックススパイス…………大さじ3
玉ねぎ………………………4〜5個	（下記、またはカレー粉）
にんじん……………………1本	成分無調整豆乳……………300㎖
セロリ………………………1本	塩②…………………………小さじ1/2
じゃがいも…………………2個	シナモンパウダー…………小さじ2
りんご………………………1/2個	ガラムマサラ………………小さじ1/2
塩①…………………………小さじ1	塩③…………………………小さじ1/2
オリーブ油…………………大さじ1	飾り野菜……………………お好みで

☞ 豆乳を入れると日持ちしなくなるので、食べる直前に入れる。
　食べきれない場合は、5（豆乳を入れる前）で保存容器に移し、
　ラップをすれば冷蔵庫で2〜3日保存可能。豆乳を入れずにそのまま食べてもよい。

☞ 冷やすとかたくなるので、温める時は小鍋に移し、
　豆乳を少し入れてよく混ぜてから火にかける。焦げやすいのでよく混ぜながら。

☞ 仕上げにバター10gを落としてバターチキンカレーにしてもよい。

◎ミックススパイスの作り方

・右の4種類のスパイスをミックスし、そこから大さじ3を使う。カレー粉を使用したり、好みで以下のスパイスをブレンドしてもよい。

> コリアンダー、ジンジャー、レッドペッパー、オールスパイス、チリパウダー、カイエンペッパーなど。

☞ レッドペッパー、カイエンペッパーは辛いので注意。

・シナモンパウダーとガラムマサラは、仕上げにも必要になるので多めに用意しておく。

ターメリック　　クミン

シナモンパウダー　　ガラムマサラ

> ギャバン
> 「手づくりのカレー粉セット」
> 20種類のスパイスが小袋に入っているセット。説明書通りに全部を混ぜたところから大さじ3を使っても良い。

色々なスパイスを組み合わせると、相乗効果でおいしく、
本格的な味になります。

1 玉ねぎは繊維に直角に薄切りに、にんじん、セロリは薄切りにする。りんごは皮をむき、すりおろす。鶏肉は6等分に切り、塩①をふる。鍋にオリーブ油を中火で熱し、玉ねぎを炒める。透き通ってやわらかくなったら、にんじん、セロリを入れてしんなりするまで炒める。

2 ミックススパイスと鶏肉を入れ、香りが出てくるまで炒める。りんごを加えて全体を混ぜ、塩②をふって蓋をする。蓋の隙間から蒸気が出たら、極弱火にして40分煮込む。

3 写真のように水分が出たら火を止め、蓋をしたまま30分以上、冷めるまで放置（余熱調理）する。

4 中火にかけ、皮をむいてすりおろしたじゃがいもを入れ、とろみが付くまで2～3分混ぜながら煮る。

☞ とろみが付いてから煮込むと焦げやすいので、しっかりと煮込みたい場合は2でより長く煮込む。

5 鶏肉を取り出し、豆乳を加える。

6 ブレンダーでなめらかになるまで撹拌する。シナモン、ガラムマサラ、塩③を加え全体を混ぜる。鶏肉を戻して温める。お好みで飾り野菜を加える。

staub recipe **66**
無水スパイス
チキンカレー

staub recipe **69**
グリーンカレー

staub recipe **68**
牛すじトマトカレー

staub recipe **67**
ポークカレー

staub recipe 67
ポークカレー

ターメリックを多めに入れて、
黄色く仕上げました。
急いでいる時は、
ひき肉やこま切れ肉で作っても。
豆を入れても、とても合います。

[材料：4〜6人分]
＊無水スパイスチキンカレーの
材料と作り方を参照。

1. 鶏もも肉（2枚）をカレー用角切り豚肉（300g）にかえて同様に作る。2の煮込み時間は1時間ほどとり、仕上げのシナモンの代わりにターメリックとガラムマサラ（各小さじ1）を加える。塩（小さじ1）を加え、その後は同様に作る。お好みでごはんの上にクミンシードを少々散らす。

staub recipe 68
牛すじトマトカレー

トマト入りの赤いカレー。
辛い料理が好きな方は、
カイエンペッパーや
レッドペッパーを加えて。

[材料：4〜6人分]

牛すじ	300g
玉ねぎ	4〜5個
にんじん	1本
セロリ	1本
トマト	2個
酒	大さじ2
オリーブ油	大さじ1
ミックススパイス(p.92参照)	大さじ3
チリパウダー	小さじ1
パプリカパウダー	小さじ1
塩①	小さじ1/2
塩②	約小さじ1・1/2

1. 玉ねぎは繊維に直角の薄切りに、にんじん、セロリは薄切りにする。トマトは1cmの角切りにする。
2. 牛すじは3cm大に切り、20cmの鍋に入れ、酒とかぶるくらいの水を入れる。中火にかけ、沸騰したら蓋をする。弱火で40分煮込み、火を止め蓋をしたまま冷ます。冷めたらざるにあげる。
3. 鍋にオリーブ油を中火で熱し、玉ねぎ、にんじん、セロリを炒める。しんなりしてきたらスパイスを入れてよく炒める。2、トマトを入れ、塩①をふり全体を混ぜて蓋をする。
4. 蓋の隙間から蒸気が出たら、極弱火にして1時間加熱する。
5. 火を止め、蓋をしたまま鍋が冷めるまで放置(余熱調理)する。チリパウダー、パプリカパウダー、塩②を入れる。器に盛り、お好みでごはんの上にパプリカパウダーをかける。

staub recipe 69
グリーンカレー

ココナッツミルクを使わず、
ココナッツオイルで作りました。
無水でもなすやピーマンから
たくさん水分が出ます。
辛さはグリーンカレーペーストの
量で調整してください。

[材料：4〜6人分]

グリーンカレーペースト	小さじ2
あみえび	大さじ1
塩①	小さじ1/2
コリアンダーパウダー	小さじ1
クミンパウダー	小さじ1
ココナッツオイル	大さじ2
玉ねぎ	3個
鶏もも肉	2枚
塩②	小さじ1/2
なす	2本
ピーマン	4個
じゃがいも	2個
ナンプラー	大さじ1
きび砂糖	大さじ1

1. 玉ねぎは繊維に直角の薄切り、鶏肉は6等分に切って塩①をふる。
2. なすは大きめの乱切りに、ピーマンは4等分に、じゃがいもは3cm角に切る。
3. 鍋にココナッツオイルを中火で熱し、グリーンカレーペースト、あみえび、コリアンダーパウダー、クミンパウダーを入れて炒める。香りが出たら玉ねぎを入れて軽く炒め、鶏肉、なす、ピーマン、じゃがいもを入れ、塩②をふり全体を混ぜて蓋をする。
4. 蓋の隙間から蒸気が出たら、極弱火にして40分加熱する。火を止め、蓋をしたまま30分ほど放置(余熱調理)する。ナンプラー、きび砂糖を加える。器に盛り、お好みでごはんの上にパクチーを飾る。

スモーク調理

staub recipe 70 スモークチキン

塩漬けして一晩、スモークしてさらに一晩。
時間はかかりますが、鶏むね肉がしっとりと
おいしく仕上がります。
もちろん鶏もも肉で作っても。

[材料:作りやすい分量]
鶏むね肉……………………2枚
きび砂糖……………………大さじ2
塩……………………………小さじ2
スモークチップ………………30g
砂糖(白砂糖などでよい)………大さじ1

[準備]
鶏肉にきび砂糖と塩をふってラップ
で包み、保存袋に入れて冷蔵庫で1
～2日置く。

1 鍋にアルミホイルを敷き、チップと砂糖を入れて軽く混ぜる。

2 鶏肉の水分をキッチンペーパーでよくふき取り、オーブンシートにのせ、1の鍋に入れる。蓋を少しずらして置き、中火にかける。

3 薄く煙が出てきたら、蓋をしっかり閉めて10分ほど加熱する。

◎ スモークチップについて

- 桜のチップはどの食材とも相性がよく、おすすめです。
- スモークチップは煙が出るかぎりは何度でも使えます。煙が出なくなったら、燃えかすの上に砂糖とチップを混ぜたものを少量足し広げると、また煙が出るようになります。
- チップの燃えかすを捨てる時は、火事の原因になるので、必ず水をかけてから捨てましょう。

煙をしっかり閉じ込めるストウブなら、家でもスモークが作れます。
塩漬け、塩抜き、乾燥、燻製…と時間と手間のかかるイメージがありますが、
家でも簡単に作れるレシピを考えました。
冷凍しておけば急なおもてなしにも対応可能です。

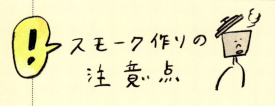

スモーク作りの注意点

- 蓋を開けた時に煙と匂いが出ます（普通の鍋よりは少ないですが）。マンション、アパート等では近隣の迷惑になる場合があるので注意してください。
- 鍋が高温になります。やけどには十分注意してください。
- 洋服等に煙の臭いが付くことがあります。
- 鍋の中や蓋が黒く汚れます。最初に濡らした新聞紙やラップなどで軽く汚れを落としてからスポンジと中性洗剤で洗うとスポンジが汚れず洗えます。
- くり返し洗えば、鍋のスモークの臭いが取れます。

4 蓋を開け、中を見てすぐに蓋をする。煙がもくもくと出ていたら火を弱め、煙が漂う程度ならそのままの火加減でさらに10分加熱する。

5 鶏肉がきつね色になったら火を止め、蓋をしたまま20〜30分放置（余熱調理）する。トングなどで押して、弾力を感じれば火が通っている。

6 粗熱が取れてから保存袋に肉汁ごと入れ、冷蔵庫で冷やす。

☞ 開け閉めをすばやくしないと煙が逃げてしまうので注意。

☞ 蓋を開け閉めすることで空気の入れ替えができよく煙が出る。

☞ 冷蔵庫で3〜4日保存可能。⑥で一晩置いた後、ひとつずつラップで包み、保存袋に入れて冷凍庫で2〜3週間保存可能。解凍は冷蔵庫で。

◎ スモークに適した食材と食べ方

- 初めて作る時はししゃも、たらこ、ミックスナッツなど、そのまま食べられて乾いている食材がおすすめです。
- 練り物、ウインナー、うずらの卵の水煮などはキッチンペーパーで水気をよく拭きとってからスモークしてください。
- 最初に調理時間の短いチーズや乾物などの乾いた物、次に肉や魚など水分の出そうなものをスモークすると効率よく調理できます。
- スモークは、できたてよりも冷めて落ち着いた方がおいしいので、冷蔵庫で冷やした後、常温で食べるのがおすすめです。

staub recipe 71
6Pチーズ

いつものプロセスチーズが
あっという間に酒のおともに。
燻製中にチーズが溶けて
しまわないよう包みの下面を残します。

[材料：作りやすい分量]
6Pチーズ……………………6個
スモークチップ………………30g
砂糖…………………………大さじ1

1. 6Pチーズの包みは、下面を残してはがす。
2. 鍋にアルミホイルを敷き、チップと砂糖を入れて軽く混ぜる。その上にオーブンシートを敷き、1を並べる。蓋を少しずらして置き、中火にかける。
3. 薄く煙が出てきたら蓋をする。時々開けて様子を見て、煙がもくもく出ているようなら火を弱める。煙がほどよく出てから10分くらいを目安に、こんがりとした色が付けば完成。

staub recipe 72
うずら卵

燻製にすると存在感が
ぐんと増します。
何個も食べてしまいそう。

1. ＊p.98-99　スモークチキンの作り方を参考に
うずらの卵の水煮(1パック)はキッチンペーパーで水気をよく取る。アルミホイルを鍋に敷いてチップ(30g)と砂糖(大さじ1)と入れ軽く混ぜる。その上にオーブンシートを敷き、うずらの卵をくっつかないように並べる。蓋を少しずらして置き、中火にかける。薄く煙が出てきたら蓋を閉め、10分ほど火を通す。途中、煙が足りないようなら火を少し強くして5〜10分ほど様子を見ながら加熱する。きつね色になればできあがり。

staub recipe 73
練り物

いつもの練り物が
大人の味になります。
日本酒と一緒に。

1. ＊p.98-99　スモークチキンの作り方を参考に
練り物(好みの具材・量)は、水分があればキッチンペーパーで拭く。アルミホイルを鍋に敷き、チップ(30g)と砂糖(大さじ1)を入れて軽く混ぜる。その上にオーブンシートを敷き、練り物同士がくっつかないように並べる。蓋を少しずらして中火にかける。薄く煙が出てきたら蓋を閉め、5分ほど火を通す。

 練り物はパサつきやすいので5分ほどの加熱でよい。

staub recipe 70
スモークチキン

staub recipe 74
ソーセージ

ゆでる、焼く以外の調理でいただく燻製ソーセージは格別。

1. *p.98-99 スモークチキンの作り方を参考に
   ソーセージ（好みの量）は水分があればキッチンペーパーでよく拭く。アルミホイルを鍋に敷き、チップ（30g）と砂糖（大さじ1）を入れて軽く混ぜる。その上にオーブンシートを敷き、ソーセージをくっつかないように並べる。蓋を少しずらして中火にかける。薄く煙が出てきたら蓋を閉め、10分ほど火を通す。ソーセージは色が見きわめづらいが10分ほどでよい。

staub recipe 75
塩さば

 staub 24cm

男性に一番人気の塩さばスモーク。黄金色の塩さばはお酒とよく合います。余ったらほぐしてパスタソースに加えたり、おにぎりの具にしてもおいしい。

［材料：作りやすい分量］
塩さば………………………………2枚
スモークチップ……………………30g
砂糖…………………………………大さじ1

1. 塩さばはキッチンペーパーで水気をよく拭く。ヒレがあれば取る。
2. 鍋にアルミホイルを敷き、チップと砂糖を入れて軽く混ぜる。その上にオーブンシートを敷き、1を並べる。蓋を少しずらして中火にかける。
3. 薄く煙が出てきたら蓋を閉める。トータルで30分ほど火を通し、その間10分おきに蓋を開けて煙の様子を見る（スモークチキンの手順4を参照）。
4. 冷めたら冷蔵庫で冷やし、骨を抜いてから切る。

☞ 1枚ずつラップで包み、保存袋に入れ、冷凍庫で2〜3週間保存可能。解凍は冷蔵庫で。
☞ 冷やしてから切るときれいに切れ、骨が取りやすい。

staub recipe 76 自家製ベーコン

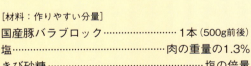

無添加のベーコンが家で作れます。
厚切りにしてフライパンで焼くだけでごちそうに早変わり。
たくさん作って冷凍して活用してください。

[材料：作りやすい分量]
国産豚バラブロック……………… 1本（500g前後）
塩……………………………………… 肉の重量の1.3%
きび砂糖……………………………… 塩の倍量
スモークチップ…………………………… 30g
砂糖………………………………………… 大さじ1

☞ 冷蔵庫で2〜3日保存可能。
　そのあと1本ずつ、
　または使いやすい大きさに切って
　ラップで包んで保存袋に入れ、
　冷凍庫で1ヶ月保存可能。解凍は冷蔵庫で。

☞ 好みの厚さに切り、油なしで
　こんがりと焼いてから食べるとおいしい。

1　豚肉は縦半分の長さに切る。砂糖と塩を全体にまぶし、キッチンペーパーで二重に包み、ラップをして保存袋に入れ冷蔵庫に置く。一晩置けば調理可能、2〜3日目がベスト、4〜5日以内には使う。調理前にキッチンペーパーで肉の水気をよくとる。

2　鍋にアルミホイルを敷き、チップと砂糖を入れて軽く混ぜる。その上にオーブンシートを敷き、1を並べる。蓋を少しずらしてのせ、中火にかける。

3　薄く煙が出てきたら蓋を閉め、10分おきに蓋を開けて中の様子を確認し、火加減を調節する。
　・10分後…煙が多すぎるようなら弱火にする。
　・20分後…肉を裏返す❶。
　・30分後…煙が多すぎるようなら弱火にする。
　・40分後…火を止める。そのまま冷めるまで放置（余熱調理）する。

4　保存袋に肉汁ごと入れ、冷蔵庫で一晩寝かせる。

おやつ

大人も子供も大好きなおやつ。オーブンに蓋をしたまま入れられる
小さいサイズのストウブはプリンやケーキも得意です。

staub recipe 77 焼きいも

じんわり熱が伝わるストウブは、焼きいも作りが大の得意。
オーブンで焼くのもおすすめです。

[材料：2人分]
さつまいも………2本（鍋に入る大きさ）

- 大きさによって火通りが変わるので加熱時間を調整する。
- 紅はるか、安納芋が甘くて美味。
- オーブン調理もおすすめ。中火で10分加熱したら170℃に温めたオーブンに入れ、30分加熱。余熱でそのまま1時間ほど置くとじっくりおいしく焼ける。

1. さつまいもはよく洗い、アルミホイルで包んで鍋に並べる ⓐ。
2. 蓋をして中火で10分、裏返して弱火で30分、火を止めて裏返し、余熱で20分置く。すっと竹串が通ればできあがり ⓑ。

アレンジでもう一品

[材料：10cmのストウブ2台分]
卵……………………………… 1個
牛乳…………………………… 100ml
きび砂糖……………………… 20g
焼きいも……………………… 70g

staub recipe 78 さつまいもプリン

自然な甘さがやさしいプリン。焼きいもがあればすぐに作れます。

1. 牛乳を鍋に入れて中火にかけ、50℃（湯気が出るくらい）まで温める。
2. ボウルに卵と砂糖を入れてよく混ぜ、牛乳を入れてよく混ぜる。焼きいもを入れ、なめらかになるまでハンドブレンダーで撹拌する。
3. 茶こしでこし、鍋に静かに注ぎ入れる。蓋をして天板に並べ、天板に1cmほど熱湯を注ぎ、140℃に温めておいたオーブンで15〜20分ほど加熱する。網などの上で冷ましてから冷蔵庫で冷やす。
4. さつまいものキャラメリゼ*と泡立てた生クリームをのせていただく。

*さつまいものキャラメリゼ

1. さつまいも（200g）は5mm角に切り、水にさらす。鍋にきび砂糖（50g）、水（大さじ1）を入れて中火にかける。砂糖が溶けて泡が出たら、水気を切ったさつまいもを入れて混ぜ、蓋をする。
2. 蓋の隙間から蒸気が出たら、弱火にして10分加熱する。火を止め、蓋を開けてひと混ぜし、汁気がなくなるまで煮詰める。

果物をかえてアレンジ

staub recipe 79
焼きバナナ

シンプルな材料で作れる大人のデザート。
ラム酒をふりかけて、アイスクリームや
生クリームを添えても。

[材料：10cmのストウブ1台分]
バナナ ………………………………… 1本
ラム酒（ダーク）……………………… 小さじ2
きび砂糖 ……………………………… 小さじ2
バター ………………………………… 小さじ1
アーモンドダイス ……………………… 少々

1 バナナは皮をむき、半分に切る。
2 鍋にバターと砂糖を入れて中火にかけ、溶けたらバナナを入れる。軽く焦げ目がついたら裏返してラム酒をかけ、アルコールが飛んだら蓋をして2分加熱する。
3 上にアーモンドダイスを散らす。

staub recipe 80
焼きりんご

焼いている間、幸せな香りがします。
レバーペースト（p.58）と相性抜群。
アイスクリームを添えてもおいしいですよ。

[材料：10cmのストウブ2台分]
りんご ……………………………… 1個（小さめのもの）
シナモンパウダー ……………………………… 少々
きび砂糖 ……………………………………… 大さじ1
バター ………………………………………… 小さじ2
くるみ ………………………………………… 20g

1 りんごはよく洗い、半割りにして芯を取り除く。小さなスプーンでくりぬくとよい。
2 鍋にバター、砂糖を入れて中火にかける。茶色くなってきたらくるみを加えてからめ、取り出す。
3 りんごの断面を下にして2の鍋に入れ、焼き付ける。裏返し、焼き色が付いていたらシナモンをふり、再び断面を下にしてくるみをのせ、蓋をして弱火で10分ほど加熱する。りんごを裏返す。

☞ 鍋が小さすぎてコンロにのらない場合は、焼き網などの上にのせて調理する。
☞ 20cmのストウブでりんご1個分が一回で焼ける。

staub recipe 81 メープル大学いも

揚げずに作れる大学いものアレンジレシピ。おやつやお弁当のおかずにもなります。
メープルシロップをはちみつやきび砂糖にかえても作れます。

[材料：2〜4人分]
さつまいも ……………… 2本（約400g）
オリーブ油 ……………… 大さじ2
メープルシロップ ……… 大さじ2
アーモンドスライス …… 15g

1. さつまいもは乱切りにして水にさらし、ざるにあげる。
2. 鍋にオリーブ油を中火で熱し、1を入れて全体に油が回るように炒める。
3. メープルシロップを入れて蓋をする。蒸気が出たら極弱火で10分加熱する。全体を混ぜ、蓋をして10分放置（余熱調理）する。アーモンドスライスを散らす。

staub recipe **82** 紅玉のタルト・タタン風

ザクザクのビスケット生地と、甘酸っぱいりんごの組み合わせが最高においしい。
生地の作り方はとても簡単なので、本来のタルト・タタンより手軽に作れます。

[材料：10cmのストウブ 2台分]
バター（有塩無塩どちらでも）……… 10g
りんご（紅玉）………………… 1個（小さめ）
きび砂糖………………………………… 20g
全粒粉…………………………………… 50g
アーモンドパウダー…………………… 50g
塩……………………………………… 2つまみ
メープルシロップ……………………… 40g
菜種油…………………………………… 30g
アイスクリーム………………………… 適量

☞ 紅玉は他のりんごでも代用できる。

1 りんごはよく洗い、四つ割りにして芯を除く。そのうち2個をさらに半分に切る。

2 鍋1つに対してバターの半量を塗り、砂糖の半量を入れる。りんごを、中央に1/4を1個、左右に1/8を1個ずつ入れる。オーブンは180℃に温めておく。鍋を中火にかけ、焼ける音がしてきたら火を止める。

3 生地を作る。ボウルに全粒粉、アーモンドパウダー、塩を入れて軽く混ぜる。菜種油を入れて軽く手で混ぜ、メープルシロップを入れて生地がまとまるまで混ぜる。

4 生地を2等分にして丸く形を整え、2の上にかぶせる。中火にかけ、焼ける音がしたら火を止める。天板に並べ、オーブンで35分ほど焼く。

5 焼き上がったら膨らんだ生地をしゃもじなどで押し込む。粗熱が取れるまでそのまま置く。

6 型から出す時は直火で1〜2分熱し、竹串でタルトの周りをなぞってから皿に出す。アイスクリームを添えていただく。

staub recipe 83 ガトーショコラ

混ぜて焼くだけの簡単レシピ。
あつあつの焼きたてにアイスクリームをのせても。

[材料：10cmのストウブ 2台分]
- 製菓用ビターチョコレート …… 50g
  （カカオ分55%以上のチョコレート）
- バター ……………………………… 30g
- 卵（室温に戻す）……………………… 1個
- きび砂糖 …………………………… 20g
- 薄力粉 ……………………………… 10g
- 粉砂糖 ……………………………… 適量

1. チョコレートとバターはボウルに入れて湯煎で溶かす ⓐ。
2. 1に卵と砂糖を入れて泡だて器でよく混ぜる。薄力粉をふるい入れ、練らないようにゴムベラで混ぜる ⓑ。
3. 鍋に流し入れて ⓒ 蓋をする。180℃に温めておいたオーブンで15分焼き、冷めたら粉糖をふる。

☞ 薄力粉をココアパウダーに代えると苦みのある本格的なガトーショコラになる。
☞ 14cmの鍋で20分焼いてもよい。

大橋由香（おおはし・ゆか）

料理研究家、神奈川県厚木市のカフェ「はるひごはん」店主。二児の母。企業とのレシピ開発、雑誌やWEBでのレシピ紹介、フードコーディネート、飲食店のコンサルティング、イベント講師等で活動。月数回料理教室を開催。2011年よりツヴィリング J.A. ヘンケルスジャパンより依頼を受け、百貨店でのストウブを使った調理デモンストレーションを全国各地で行っている。

はるひごはん　ストウブビストロ×厚木野菜
神奈川県厚木市幸町1-14　046-258-6873
http://haruhigohan.com/

調理アシスタント	片山愛沙子、国本数雅子、小島めぐみ、佐野雅
撮影	鈴木信吾
スタイリング	つがねゆきこ
アートディレクション／デザイン	藤田康平（Barber）
デザイン	古川唯衣（Barber）
イラスト	林舞（ぱんとたまねぎ）
編集	古池日香留

道具協力 ……… STAUB（ストウブ）
ツヴィリング J.A. ヘンケルス ジャパン
0120-75-7155
www.staub.jp

器提供 ……… 小澤基晴　http://instagram.com/ozawa_motoharu
長峰菜穂子　http://senrowaki.com/nao
松塚裕子　http://matsunoco.wixsite.com/yukomatsuzuka

撮影協力 ……… UTUWA
03-6447-0070

ストウブで無水調理

食材の水分を使う新しい調理法／
旨みが凝縮した野菜・肉・魚介のおかず　　NDC596

2017年 4月17日　発　行
2021年 9月11日　第12刷

著　者　　大橋由香
発行者　　小川雄一
発行所　　株式会社 誠文堂新光社
　　　　　〒113-0033　東京都文京区本郷3-3-11
　　　　　TEL　03-5800-3621［編集］
　　　　　　　　03-5800-5780［販売］
　　　　　URL　https://www.seibundo-shinkosha.net/
印刷・製本　大日本印刷 株式会社

Ⓒ2017, Yuka Ohashi.　　Printed in Japan

検印省略　禁・無断転載
落丁・乱丁本はお取り替え致します。

本書に掲載された記事の著作権は著者に帰属します。
これらを無断で使用し、料理教室、販売、商品化等を行うことを禁じます。

本書のコピー、スキャン、デジタル化等の無断複製は、著作権法上の例外を除き、禁じられています。
本書を代行業者等の第三者に依頼してスキャンやデジタル化することは、たとえ個人や家庭内での利用であっても著作権法上認められません。

JCOPY　〈(一社)出版者著作権管理機構 委託出版物〉
本書を無断で複製複写（コピー）することは、著作権法上での例外を除き、禁じられています。
本書をコピーされる場合は、そのつど事前に、(一社)出版者著作権管理機構（電話 03-5244-5088／FAX 03-5244-5089／e-mail:info@jcopy.or.jp）の許諾を得てください。

ISBN978-4-416-51738-3